As Leis da Salvação

As Leis da Salvação

Fé e a Sociedade Futura

Ryuho Okawa

IRH Press do Brasil

Copyright © Ryuho Okawa 2012
Título do original em japonês: Kyusei-no-hou
Título do original em inglês: *The Laws of Salvation – Faith and the Future Society*

Tradução para o português: Cristina Fernandes
Edição: Wally Constantino
Preparação: Francisco José M. Couto
Revisão: Agnaldo Alves
Diagramação: José Rodolfo Arantes

IRH Press do Brasil Editora Limitada
Rua Domingos de Morais, 1154, 1º andar, sala 101
Vila Mariana, São Paulo – SP – Brasil

Nenhuma parte desta publicação poderá ser reproduzida, copiada, armazenada em sistema digital nem transferida por nenhum meio, eletrônico, mecânico, fotocópia, gravação ou quaisquer outros, sem que haja permissão por escrito emitida pela Happy Science – Ciência da Felicidade do Brasil.

1ª edição
ISBN: 978-85-64658-03-5

Impressão: Paym Gráfica e Editora Ltda.

SUMÁRIO

Prefácio 9

Capítulo 1: É Recomendável Ter uma Religião 11
25 Anos Pregando a Verdade 11
Por que a Religião É Necessária 15
Um Novo Movimento para a Salvação Começou Nesta Era Moderna 21
Divulgue a Verdade até os Confins do Mundo 24

Capítulo 2: A Luz que Guia 27
O que Acontece aos Seguidores da Happy Science no Outro Mundo 27
Supere Adversidades com Sabedoria e Esforço 32
O Governo Deve se Concentrar em Fazer o País Prosperar 37

Primeiro, Siga o Caminho da Fé 43
Meus Ensinamentos São Absolutamente Verdadeiros 49

CAPÍTULO 3: CULTIVAR UMA MENTE PRODUTIVA 57
Não Culpe o Seu Ambiente e Siga em Frente 57
A Tragédia que se Aproxima da Humanidade e
Esperança no Futuro 62
O Futuro dos Estados Unidos e da Ásia 68
Conduzir o Mundo na Direção Certa 73

CAPÍTULO 4: AS CONDIÇÕES PARA UMA NAÇÃO RELIGIOSA 79
A Razão Fundamental dos Conflitos
no Oriente Médio 79
A Possibilidade do Armagedom 84
A Tolerância Religiosa Trará Prosperidade
para as Nações 94
O Espírito Necessário nos Países Islâmicos 100
A Transformação do Japão em um Modelo
de Nação Religiosa 105

CAPÍTULO 5: FÉ E A SOCIEDADE FUTURA 111
A Revolução Espiritual Está Progredindo no Japão 111
As Sementes do Futuro Podem Ser Encontradas em
Minhas Palavras 119
O Futuro da Ciência Pode Ser Encontrado no
Mundo da Fé 126

CAPÍTULO 6: PREVISÃO 131
A Sociedade Futura Deverá Ser Construída sobre
Minhas Palavras 131
Controlem Sua Vida e a Façam Evoluir 132
Misericórdia É a Palavra-chave para o Futuro 139
Acreditem em El Cantare e Construam a
Sociedade Futura 144

POSFÁCIO 147

SOBRE O AUTOR 149

SOBRE A HAPPY SCIENCE 151

CONTATOS 154

OUTROS LIVROS DE RYUHO OKAWA 159

Os textos deste livro são uma compilação das seguintes palestras proferidas por Ryuho Okawa:

Capítulo 1: É Recomendável Ter uma Religião
"The Recommendation of Religion"
Palestra dada em 12 de abril de 2009

Capítulo 2: A Luz que Guia
"The Guiding Light"
Palestra dada em 29 de novembro de 2009

Capítulo 3: Cultivar uma Mente Produtiva
"Cultivating an Abundant Mind"
Palestra dada em 29 de junho de 2008

Capítulo 4: As Condições para uma Nação Religiosa
"The Conditions for a Religious Nation"
Palestra dada em 4 de janeiro de 2009

Capítulo 5: Fé e a Sociedade Futura
"Faith and the Future Society"
Palestra dada em 7 de fevereiro de 2010

Capítulo 6: Previsão
"Forecast"
Palestra dada em inglês em 5 de fevereiro de 2010

PREFÁCIO

O momento chegou. Apresento este livro para as muitas pessoas do Japão e do resto do mundo que ainda não despertaram para a Verdade.

O Salvador ressurgiu 2.500 anos após a morte de Buda na Índia. Já tive a oportunidade de ensinar muitas leis em japonês, mas sinto que o povo japonês não compreendeu esta Verdade por completo. Isso está longe de ser o ideal, e os japoneses estão longe de serem líderes mundiais na área religiosa. Eles deveriam envergonhar-se disso.

O renascimento de Buda, no meu contexto, tem o mesmo significado do retorno de Cristo. El Cantare salvará a Terra das crises e abrirá um novo caminho para a Era Espacial vindoura. O Salvador proclamou a volta da era da misericórdia e do amor.

Ryuho Okawa
25 de novembro de 2010

Capítulo 1

É RECOMENDÁVEL TER UMA RELIGIÃO

A Importância da Religião: Algo que Não É Ensinado na Escola nem pela Mídia

25 Anos Pregando a Verdade – Por que Decidi Seguir o Caminho Espiritual e Continuo Nele

Recebi minha primeira revelação do Céu em 1981, ou seja, venho recebendo orientação espiritual dos Grandes Espíritos já faz trinta anos.

No início me surpreendi e pensei: "Isso está mesmo acontecendo?". Fiquei verdadeiramente atônito ao descobrir que existia um mundo invisível, bem como seres espirituais, e que Grandes Espíritos trabalhavam ativamente orientando e protegendo as pessoas na Terra. No entanto, quando recebi a missão para divulgar a Verdade revelada pelos Grandes Espíritos, perguntei-me se teria capacidade de levar a cabo uma missão tão importante como essa. Precisei despertar em mim um forte sentido missionário para conseguir começar esse trabalho.

Comecei a pregar 25 anos atrás, quando tinha 30 anos de idade. Durante esses 25 anos, também publiquei mais de seiscentos livros e fiz diversos filmes. Tenho dado continuidade ao meu trabalho com um profundo senso de missão e responsabilidade. Nos últimos três anos em especial, dei no mínimo uma palestra por semana. Como parte de minhas viagens para divulgar os ensinamentos, já dei palestras em todo o Japão e até no exterior. Isso é algo que tenho feito sem cessar. As pessoas costumam me perguntar: "Como o senhor trabalha tanto, sem descansar?" ou "Como o senhor conserva a paixão para continuar com esse trabalho?". É o meu senso missionário que me mantém ativo.

Mas por que tenho esse senso missionário? Por que tenho esse senso de responsabilidade? É porque eu mesmo sou a missão. Minha própria existência é a missão em si. Acredito que pregar a Verdade é o propósito da minha vida nesta encarnação.

A Lenda do Renascimento de Buda na Índia

Existe uma profecia na Índia, transmitida de boca em boca, dos mais velhos para os mais jovens, de geração em geração, que diz que o Buda Shakyamuni renasceria na Ásia oriental 2.500 anos depois de sua morte. Atualmente, embora o número de budistas na Índia tenha diminuído, a profecia segue viva. Em 1956, a Índia e outros países budistas do mundo celebraram o 2.500º aniversário da entrada de Buda no Nirvana. Eu nasci no ano de 1956. Nasci nessa terra com o único propósito de girar a nova roda do Darma ou de pregar a Verdade de Buda/Deus.

Não importa quanto são verdadeiros e universais os ensinamentos de uma religião, depois de dois ou três milênios eles não suportam as mudanças do tempo e tornam-se ultrapassados. Sendo assim, a cada 2 mil ou 3 mil anos, um dos espíritos da nona dimensão, que estão acima dos *tathagatas*[1] ou arcanjos, retornam a este mun-

---

1. O Céu está dividido em diferentes níveis. Quanto mais alta a dimensão, mais perto de Deus estão seus habitantes. Os *tathagatas* são Espíritos Divinos que habitam a oitava dimensão celestial. Sua principal função é explicar ensinamentos baseados nas Verdades de Deus, além de conduzir e orientar outros anjos e as pessoas na Terra. Os *tathagatas* são seres que transcenderam a condição humana e repousam junto a Deus. (N. do A.)

do para criar uma nova religião[2]. Nós, os espíritos da nona dimensão, nascemos na Terra com a missão de formar uma nova civilização. A extensão de nossa vida não é diferente da extensão de vida de uma pessoa comum. Dentro de apenas algumas décadas temos de constituir o núcleo de uma civilização que irá perdurar pelos próximos milhares de anos. Para alcançar esse propósito, fundei a Happy Science, ou Ciência da Felicidade, e me empenhei muito nos últimos vinte anos. Acredito que todo o meu trabalho tenha sido preparar a civilização para as futuras gerações.

Em outubro de 2009, nosso filme, *O Renascimento de Buda*, do qual sou produtor executivo, foi lançado no Japão e no exterior. Talvez as pessoas de fora do Japão não saibam, mas em 1980 pelo menos cinco ou seis pessoas em meu país afirmaram ser o Buda reencarnado. Várias organizações religiosas entraram em discussão sobre quem seria o verdadeiro Buda. Quase duas décadas se passaram desde então, e sinto que essa discussão sobre quem seria o verdadeiro Buda chegou a uma conclusão.

---

2. O mundo espiritual se estende da quarta à nona dimensão, sendo a nona a mais alta dimensão na qual os espíritos humanos podem residir. Existem apenas dez Grandes Espíritos na nona dimensão, entre eles o Buda Shakyamuni e Jesus Cristo. (N. do A.)

Demorou quase vinte anos para que a Happy Science fosse amplamente aceita no Japão. Durante esses vinte anos, esforcei-me incansavelmente. Talvez seja normal que as pessoas tenham levado dez ou vinte anos para julgar se eu era mesmo o Buda reencarnado ou não, por isso não as culpo por não terem acreditado nesses ensinamentos naquela época.

Por que a Religião É Necessária – Verdades Básicas que Todos Devem Saber

Ao recomendar que todos tenham uma religião, existem algumas verdades simples que desejo, com sinceridade, partilhar com todas as pessoas do mundo.

Primeiramente, saiba que todos os humanos são, na essência, seres espirituais e, como seres espirituais, habitam corpos físicos para viver na Terra. Essa é uma verdade básica que todos devem saber. Essa verdade tem sido ensinada pelas grandes religiões do mundo e em filosofias fundamentais do passado. O mesmo conceito é transmitido não só por todas as grandes religiões, mas também pelas religiões étnicas menores de cada país. Essa é uma verdade muito simples ensinada pela religião.

Contudo, percebi que muitas pessoas no Japão não conseguem ultrapassar essa primeira barreira para entrar no mundo da religião. Muitas das chamadas elites intelectuais não aceitam a verdade básica que diz que os humanos são seres espirituais que habitam corpos físicos para viver neste planeta.

Existem duas razões para que isso ocorra: uma é a atual corrente educacional, que não ensina esses conceitos sob forma alguma. A outra são os meios de comunicação de massa. A mídia, que nos trouxe à democracia de hoje, costuma abordar a religião de duas maneiras: ou a ignora, sempre que possível, ou só noticia incidentes negativos relacionados à religião. A religião é julgada injustamente pelos meios de comunicação. Na realidade, a mídia não oferece apoio nem mensagens positivas, afirmativas, sobre religião.

A Credibilidade Social da Happy Science

Mesmo nesse ambiente desfavorável, há pessoas atentas que veem a Happy Science fora da esfera da religião e compreendem que nossas ações são sinceras e apaixonadas. Percebem que nossos ensinamentos não têm o intuito de iludir ou enganar, mas oferecem princípios que iluminam e encorajam as pessoas, tentando abrir caminho para um futuro melhor.

O aumento da confiança pública japonesa pode ser visto pelo número de anúncios da Happy Science que aparece nos jornais do país. Embora a mídia japonesa não se interesse por religião e geralmente recuse anúncios de instituições religiosas, conseguimos publicar anúncios nos jornais. A Happy Science é uma das poucas religiões a conseguir isso.

No Japão, podem-se ver pôsteres da Happy Science em estações de metrô, e nos trens há anúncios dos nossos livros. Quando proferi uma palestra em Sydney, na Austrália, no final de março de 2009, também havia vários anúncios nos espaços públicos da cidade. Nas principais estações de ônibus e de trem havia anúncios do meu livro recém-publicado na época, *The Laws of Courage* (As Leis da Coragem). Também havia cartazes em estações de trem e pontos de ônibus que diziam: "Quem é Ryuho Okawa?". Conseguimos fazer isso porque a Happy Science é respeitada tanto no Japão quanto em outros países.

Dessa forma, tentamos fazer o melhor para aumentar a consciência das pessoas no que diz respeito à religião. Por isso, quando recomendamos que as pessoas tenham uma religião, jamais podemos deixar de ensinar que os humanos são seres essencialmente espirituais que habitam corpos físicos para viver na Terra. Gostaria que todas as pessoas soubessem dessa verdade.

O que Divide o Céu e o Inferno

O segundo ponto básico é que na vida existe o bem e o mal. Em outras palavras, há um jeito certo e um jeito errado de viver.

As Leis da Salvação

Neste mundo, a lei desempenha um papel ao distinguir o que é o bem e o mal. Até certo ponto, o que a lei estabelece como bem ou mal é um reflexo do pensamento dos Espíritos Celestiais no Céu ou de Deus. No entanto, os critérios de bem e mal no Céu transcendem o que é decidido pelas leis terrenas. Quer você tenha desrespeitado ou não as leis na Terra, no fim você terá de responder se viveu verdadeiramente considerando a vontade de Deus como sua própria vontade.

Mesmo depois que você morrer e o seu corpo físico desaparecer, sua alma continuará a existir. Existem dois mundos para onde sua alma poderá ir: Céu ou Inferno. Há várias formas de viver, mas ninguém vive completamente no bem ou completamente no mal. Assim, quando sua vida de algumas décadas terminar, você será julgado de acordo com quanto realizou de bem ou de mal. Após deixar este mundo, verá toda a sua vida passar numa tela à sua frente e ser julgada. Todas as pessoas passarão por essa experiência no futuro.

**As Religiões Promovem Várias Atividades
para que as Pessoas Possam Voltar para o Céu**
Depois que a vida de uma pessoa for julgada em termos de bem e mal, ela irá voltar para o Céu ou seguir para o Inferno. No entanto, algumas pessoas que acabam indo

para o Inferno – lugar de que talvez só tenham ouvido falar em contos folclóricos – consideram injusto esse processo de julgamento, porque não haviam sido informadas sobre ele com antecedência. É natural que pensem: "Deus é injusto. Eu teria agido de maneira diferente se soubesse que iria enfrentar décadas ou séculos de infelicidade e sofrimento no Inferno". A fim de evitar esse argumento, tenho trabalhado dia e noite para pregar a Verdade.

Daqui a muitas décadas, a maioria das pessoas que hoje está viva irá morrer e deixar este mundo. Não há problema para aqueles que, merecidamente, retornam ao Céu depois da morte. No entanto, quando as pessoas se veem no Inferno, com frequência insistem: "Não fiz nada de errado, por que estou no Inferno?". O que elas querem dizer com "nada de errado" é que não desrespeitaram nenhuma lei deste mundo. Por isso, muitos dos que estão no Inferno argumentam: "Eu não cometi crimes, e mesmo que tenha cometido, foram coisas sem importância. Também fiz muitas coisas boas, por isso é injusto que eu tenha sido mandado para o Inferno".

O que deveria ser dito a essas pessoas é o seguinte: "Quando você estava vivo, teve várias oportunidades para conhecer os ensinamentos de Deus, entre as quais por meio de uma religião chamada Happy Science, que publicou diversos livros e apresentou filmes para mostrar a Verdade. Você se lembra de que os membros dessa religião tentavam apaixonadamente ensinar essa verdade ao público? Quem caçoava deles e dizia que todas as religiões são enganação? Quem foi que não parou para ouvi-los? Quem, senão você mesmo, é responsável por isso?".

"Talvez fosse injusto se você nunca tivesse recebido nenhuma orientação ou chance de aprender a Verdade. No entanto, você teve muitas oportunidades ao longo da vida. Você deve ter visto a revista mensal da Happy Science em algum lugar no Japão, pelo menos uma vez. Havia dezenas de livros sobre a Verdade nas livrarias, e muitos anúncios dos filmes e palestras sobre a Happy Science no país. Você pode ter sido convidado por amigos a fazer parte da Happy Science, ou talvez tenha ido a uma de suas palestras. Se pensar nisso, verá que teve diversas oportunidades de descobrir a Verdade. Mas, na época, incapaz de perceber o verdadeiro significado da Verdade, de senti-la, você a rejeitou, insultou ou ignorou."

"Pode ser que alguém gentilmente tenha lhe recomendado a Happy Science e você não tenha dado atenção a ela, ou a tenha recusado ou rido dela. É provável que essa pessoa desejasse sinceramente a sua felicidade e tentasse levá-lo à Verdade com coragem, boa vontade e compaixão, mas talvez você a tenha ofendido, rejeitado ou criado problemas para ela. Essa pessoa era, de fato, um anjo ou futuro anjo. Se você não se sensibilizou, sentiu negatividade ou foi ofensivo quando a viu trabalhando intensamente, significa que a sua visão de vida se opõe à luz. O seu jeito de viver rejeita a luz, e a escuridão se aproxima e o cerca. Não foi ninguém além de você mesmo que atraiu a escuridão para si." Essas são as palavras que as pessoas devem ouvir.

Nessa era moderna, nossa liberdade de expressão e de publicação é garantida, e uma grande variedade de informações é transmitida todos os dias. Há miríades de livros e filmes, milhares de informações, tanto celestiais quanto infernais, sendo produzidas neste mundo. Cada indivíduo decide por qual tipo de informação será atraído. Além disso, a contagem final de suas escolhas vai mostrar um resultado claro. Por favor, lembre-se disso.

Um Novo Movimento para a Salvação Começou Nesta Era Moderna

Agora, com isso em mente, gostaria de lhe ensinar os pontos-chave para recomendar a religião para outras pessoas.

Ensine a Perspectiva Espiritual da Vida

Primeiro, você deve ensinar a perspectiva espiritual da vida. Em outras palavras, ensine que os seres humanos são almas, que habitam corpos físicos para viver neste mundo. A perspectiva espiritual da vida é a perspectiva correta, e ensiná-la aos outros é o mesmo que divulgar a Verdade. Divulgar a perspectiva espiritual da vida é a sua missão fundamental como ser humano.

Ensine o Jeito Certo de Viver

Segundo, por meio da divulgação da Verdade de Buda/ Deus, você deve ensinar aos outros o jeito certo de viver, em oposição ao jeito errado de viver. Os seres humanos são livres para viver como desejarem, mas há sempre uma distinção clara entre o bem e o mal.

Deus criou padrões de certo e errado que transcendem as leis deste mundo. Eles foram estabelecidos pelos mais altos níveis da esfera celeste e, depois da morte, sua vida será julgada com base nesses padrões. Muitas oportunidades para despertar para tais padrões lhe são apresentadas durante toda a sua vida.

Crie a Consciência de que Religião é Algo Bom

O terceiro e mais importante ponto a ensinar – e a Happy Science tem a grande missão de despertar essa consciência – é que a religião é uma coisa boa para o indivíduo. A magnitude dessa missão é indescritível, está além da sua imaginação. Atualmente, parece que as religiões provocam muitos conflitos e confusão, mas a Happy Science afirma e advoga que a religião é algo bom. Vou indicar agora a você a origem, o ponto de partida e a razão de ser da religião.

Estamos na Era do Renascimento de Buda e da Vinda de El Cantare

A Happy Science afirma que esta é a era do renascimento de Buda e da vinda de El Cantare. Embora o renascimento de Buda seja um conceito facilmente compreendido por aqueles que vivem em países budistas, muitas pessoas podem não estar familiarizadas com o nome "El Cantare". El Cantare é, em resumo, o ser que tem a missão de integrar todas as religiões do mundo – inclusive o budismo, o cristianismo e o islamismo – e tornar-se um pilar espiritual. Como alma, El Cantare está o mais próximo possível do Buda histórico, que esteve em atividade na Índia. Mas El Cantare tem uma missão bem maior que a do Buda Shakyamuni. Hoje, a essência da alma de El Cantare nasceu como Ryuho Okawa e prega atualmente no Japão. Eu retornei à terra para cumprir a profecia que fiz 2.500 anos atrás.

 O Japão é o país mais distante no qual o budismo se difundiu completamente; é o destino final da propagação do budismo. O Japão é também um país influenciado pela civilização ocidental. Portanto, a missão da Happy Science é difundir a Verdade do Buda a partir do Japão, um país próspero, onde as civilizações oriental e ocidental se fundiram. Talvez nossas atividades nos últimos vinte anos tenham sido significativas em termos de conquista de reconhecimento no mundo. A partir de agora, porém, trocamos de marcha e aceleramos em busca da salvação de todas as pessoas do planeta.

Divulgue a Verdade até os Confins do Mundo

A verdade não deveria mais permanecer oculta, e sim ser propagada honestamente. Vamos declarar abertamente que o Buda renasceu e que El Cantare está aqui. Este é o começo de uma nova luta.

Lançamos com orgulho, por todo o Japão, um filme chamado *O Renascimento de Buda*. Nenhuma outra religião consegue isso. Nenhuma outra religião é capaz de declarar com franqueza que seu fundador é o Buda reencarnado. Nós podemos fazer isso porque temos confiança. Esse filme foi apresentado no Japão em centenas de cinemas, e também no exterior. Os jornais indianos chegaram a noticiar que "Buda reencarnou no Japão", e que o povo japonês crê nisso. Da perspectiva de um país estrangeiro, ser capaz de fazer anúncios públicos e mostrar o filme em cadeia nacional significa que os japoneses começaram a aceitar que Buda reencarnou.

Mas ainda temos muito a fazer. Já abandonei os anseios de uma vida terrena comum. Meu único desejo é espalhar esta Verdade até os confins do mundo. Quero apenas que você me siga e propague esses ensinamentos em todos os cantos do planeta.

Eu carrego o peso do mundo em meus ombros. A Terra é pesada e preciso da sua ajuda. Por favor ajude-me, mesmo que seja só um pouquinho. Quero que você me empreste a sua força. Não é preciso muito esforço para entregar às pessoas um folheto da Happy Science, um livro ou fazer um convite para assistir ao filme da Happy Science em um templo local. Isso requer apenas um pouco de energia. Mas, quando muitas pessoas se reúnem e participam, esses pequenos poderes se transformam numa força gigante.

Estou agora tentando trazer a luz para todas as pessoas do mundo. Vamos ensinar juntos ao mundo que a religião é algo bom e que deve ser difundida mundialmente. Vamos construir uma religião esplêndida e prometer um futuro brilhante para as pessoas do mundo. Essa é a nossa missão.

Capítulo 2

A LUZ
QUE GUIA

O que Acontece aos Seguidores da Happy Science no Outro Mundo

Religiões Que Não Ensinam o Poder Milagroso de Deus Permanecem Pequenas

Desde junho de 2007, tenho visitado sucursais e templos da Happy Science espalhados pelo Japão e em várias partes do mundo. Também dou palestras nesses locais. Em minha viagem de pregação no Japão, no final de 2009, eu já havia visitado 47 cidades.

Existem muitas áreas no Japão onde as religiões que confiam no poder milagroso de Deus, tais como o Shin Budismo da Terra Pura, têm uma influência mais forte do que as religiões que acreditam no poder da própria pessoa, tais como o zen-budismo. Quando visito essas regiões, às vezes me pedem para falar sobre o poder da própria pessoa, como uma forma de contrabalançar as tendências da região. Mas acredito que não há problema nenhum em confiar nos poderes celestiais. Embora eu enfatize o poder de "si mesmo" em meus ensinamentos, você pode alcançar resultados semelhantes se acreditar completamente nos poderes de Deus.

Além disso, a demanda por religiões que ensinam confiança nos poderes celestiais é dez vezes maior do que por aquelas que enfatizam o poder em si próprio. Na verdade, as religiões que não pregam os poderes milagrosos de Deus não crescem muito. Aquelas que dão ênfase apenas ao poder da própria pessoa tendem a se tornar elitistas, com discípulos que passam por um treinamento difícil. Contudo, essas religiões não se difundem com tanta facilidade quanto as que ensinam uma forma fácil de salvação.

Assim, a necessidade de religiões que ensinam as pessoas a confiar nos poderes celestiais é dez vezes maior do que a necessidade de religiões que pregam o poder da própria pessoa. Isso ocorre porque os humanos tendem a escolher o caminho mais fácil. Nesse sentido, talvez a Happy Science precise de mais ensinamentos que enfatizem o poder milagroso de Deus. Eu gostaria de começar este capítulo com isso em mente.

Nenhum Seguidor da Happy Science que Eu Conheça Foi para o Inferno

Fundei a Happy Science há mais de vinte anos, em outubro de 1986. Nas últimas duas décadas, encontrei muitos seguidores da Happy Science, alguns dos quais já haviam falecido. Tenham morrido de acidente, de câncer ou de velhice, nem um único membro foi para o Inferno. Não conheço nenhum seguidor que tenha ido para o Inferno. Não conheço um único seguidor que tenha tido esse destino. Nesse sentido, fazer parte da Happy Science só traz benefícios.

Dentre esses seguidores, havia alguns que tinham dito palavras ásperas, cuja mente estava em desarmonia, e que eram continuamente possuídos por maus espíritos. Aqueles que eu pensei que pudessem ir para o Inferno foram capazes, na verdade, de retornar ao Céu. Alguns até voltaram à dimensão mais alta do Céu, onde os anjos se reúnem, ou ao mundo logo abaixo do reino dos anjos. Fiquei imaginando como eles haviam conseguido voltar para o Céu, apesar de terem sido possuídos por maus espíritos durante tanto tempo. Quando estavam vivos, costumavam ser atacados por demônios e ficavam continuamente possuídos, por isso me surpreendi ao vê-los regressar com tanta facilidade para o Céu.

Essas pessoas, na verdade, não estavam atraindo maus espíritos por causa de uma mente má. Ao contrário, eram atacadas porque existia a possibilidade de se tornarem pessoas-chave na propagação dos ensinamentos da Happy Science. Maus espíritos proativos as perturbavam e dificultavam seus esforços, para tentarem evitar a propagação desses ensinamentos. Essas pessoas tinham fé enquanto estavam vivas, mas com certeza não tinham força espiritual suficiente para repelir os maus espíritos que as atacavam.

Ao ver que esses indivíduos retornavam ao Céu, compreendi que a alma deles se inclinava basicamente na direção certa. Eles tinham fé e desejavam levar uma vida em benefício do próximo, mas não possuíam a força espiritual necessária para afastar os maus espíritos.

Esses indivíduos também podem ter tido problemas pessoais que não conseguiram resolver nem superar quando estavam vivos. Apesar de terem passado por conflitos na vida física, ao retornarem para o outro mundo foram julgados com justiça. Levando-se em consideração a correção de sua fé e de suas intenções, foram julgados com justiça e conduzidos ao lugar que mereciam no Céu.

A Happy Science Produz Muitos *Bodhisattvas* e Anjos

A Happy Science não apenas garante que seus seguidores vão para o Céu, mas também produz muitos *bodhisattvas* e anjos. Pessoas que não são egoístas, que desejam sinceramente ajudar os outros, tornam-se *bodhisattvas* e anjos no outro mundo. Se o seu altruísmo não é apenas uma fachada e você continua suas atividades de auxílio ao próximo, então é bem provável que você retorne ao mundo dos *bodhisattvas* e dos anjos.

Embora a palavra "*bodhisattva*" tenha uma conotação budista e a palavra "anjo" soe cristã, usamos os dois termos na Happy Science. Isso porque, na verdade, entre os seguidores da Happy Science que falecem, existem aqueles que criam asas, como os anjos das pinturas cristãs, e os que assumem uma aparência budista e se parecem com *bodhisattvas*. Essa é uma questão de preferência; alguns podem querer ter asas, enquanto outros preferem a imagem de Buda.

Além disso, alguns anos depois de morrer, não importa se você morreu com oitenta ou noventa anos, você pode voltar a ter sua idade preferida. A maioria dos homens prefere voltar aos quarenta anos, enquanto as mulheres escolhem ser mais jovens. Por essa razão, às vezes é difícil saber com quem você está falando somente pela aparência da pessoa. Você pode se surpreender ao ver quanto sua avó pode parecer jovem no mundo espiritual. Por isso, no outro mundo, você pode ter a aparência que desejar.

Também existe o mundo dos *tathagatas*, acima do mundo dos *bodhisattvas* e anjos. De certa forma, esse é um mundo de indivíduos que são capazes de pregar a Lei de Deus. O mundo dos *tathagatas* reúne aqueles indivíduos que poderiam pregar novas leis para salvar as pessoas, por isso não é um lugar para onde um discípulo de nível médio possa ir. O número de *tathagatas* é bem pequeno. Na verdade, apenas aqueles que fundaram grandes religiões ou que tiveram um impacto significativo no mundo são capazes de voltar para lá.

Supere Adversidades com Sabedoria e Esforço

A sua alma é treinada, polida e fortalecida pelas adversidades

Ganhei autoconfiança ao saber que nenhum seguidor da Happy Science foi para o Inferno. Mesmo que os indivíduos não se encontrem em posição respeitável no momento de sua morte, recebem tratamento justo se seus pensamentos e ações tiverem sido bons. Esse é um ponto muito importante, pois significa que o sucesso neste mundo não garante necessariamente o seu reconhecimento no outro.

Mesmo aqueles que levaram uma vida de anjo podem enfrentar adversidades na velhice. Existem casos de pessoas que foram muito ativas na propagação da Verdade e, quando idosas, foram afligidas pela doença e morrem após anos de sofrimento. No entanto, essas pessoas entendem que seu corpo físico não é o seu verdadeiro eu. Por isso, ao retornarem ao outro mundo após a morte, são imediatamente curadas de suas doenças e recuperam seu estado original saudável.

Por outro lado, pessoas que não despertaram para a Verdade e que morreram doentes após anos de sofrimento continuarão a sofrer mesmo depois da morte. Não importa se é uma doença do estômago, do intestino, do pulmão ou do coração, elas continuarão a sentir dor exatamente nas áreas afetadas. Como não se iluminaram e pensam que são apenas seu corpo físico, continuarão a acreditar que ainda sentem dor.

As doenças físicas, no entanto, não são um problema para aqueles que viveram conhecendo a perspectiva espiritual da vida. Eles não são afetados por condições físicas porque sabem que sua verdadeira natureza é o corpo espiritual, e que o corpo físico é apenas um veículo para o corpo espiritual.

Dessa forma, como você só pode levar sua mente para o outro mundo, restaurar a beleza da mente é a tarefa mais importante para o ser humano. Em outras palavras, o que você absorver para "iluminar-se" durante sua existência terrena será a coisa mais importante da vida.

Se no final apenas a sua mente permanece, então todas as provações e dificuldades que você enfrentou na vida não são nada além de ferramentas para refinar, testar e guiar sua alma. Você pode ter problemas no trabalho, dentro da família, nos relacionamentos ou com doenças, mas por favor procure descobrir o verdadeiro significado da vida por meio dessas adversidades. Saiba que, se puder sentir a infinita misericórdia de Deus tentando lapidá-lo durante esses períodos de dificuldade, você não sairá do bom caminho.

Talvez existam pessoas que digam que, por serem essencialmente anjos ou *bodhisattvas*, jamais experimentarão dificuldades ou sofrimentos, serão prósperas em todos os aspectos e estão destinadas unicamente ao sucesso. Mas a verdade é que *todas* as pessoas passam por inúmeras provações que permitem treinar, lustrar e fortalecer a alma.

Você não pode simplesmente desejar evitar os problemas ou levar uma vida fácil sem nenhum vento contrário nem adversidade. Em certos momentos, você passará por situações difíceis, mas é importante adquirir experiência e aprender lições com essas situações. Assim como a ostra reage à penetração de um corpo estranho como um grão de areia ou um caco de vidro, você precisa cobrir toda fonte de irritação com camadas de nácar para produzir uma linda pérola. Procure se lembrar sempre disso.

Existirão Problemas em Todas as Encarnações
Como mencionei antes, já faz algum tempo que estou em viagem de pregação. Tenho visitado templos e sucursais da Happy Science em parte porque prometi aos meus seguidores que o faria, mas é bastante difícil cumprir essa promessa. Toda semana surgem problemas, tais como questões administrativas e conflitos de agendas, que me impedem de viajar.

Além disso, ocorrem problemas inesperados nos próprios locais das palestras. Por exemplo, quando dei palestras em Hokkaido, a ilha mais ao norte do arquipélago japonês, fui da cidade de Sapporo para Asahikawa, e de lá para Kushiro. No caminho para Kushiro, pegamos um avião turbo-hélice de trinta lugares que sobrevoou as montanhas. Tomamos essa rota porque não conhecíamos direito o sistema local de transporte, mas os moradores nos disseram mais tarde que quase ninguém pega essa rota. Esse voo já foi desativado, então acredito realmente que pouca gente o utilizava.

Outra situação inesperada foi a temperatura no local. Como era verão, imaginei que o tempo estivesse agradável em Hokkaido. No entanto, embora fizesse muito calor em Asahikawa, estava muito frio em Kushiro. Foi uma surpresa perceber que o mero fato de cruzar as montanhas de Asahikawa para Kushiro me fez pousar num lugar tão gelado. A temperatura despencou 30º F (cerca de 16º C), e bati os dentes de frio. Ou seja, muitos imprevistos podem acontecer numa viagem. Às vezes, em quartos de hotel, até recebo a visita de espíritos locais que não conseguem voltar para o Céu.

Assim como minha vida é cheia de problemas inesperados, mesmo as pessoas verdadeiramente devotadas à Happy Science podem enfrentar inúmeros obstáculos. Mas, por favor, não considere que a fé da Happy Science está errada ou é ruim por causa desses obstáculos. Nem você nem eu podemos seguir pela vida sem dificuldade alguma. Cada um de nós recebe tipos específicos de adversidades para treinar a alma, reservados especialmente para esta encarnação, e você não pode esperar levar uma vida fácil. Cada um de nós enfrentará provações particulares, por isso faça um esforço para superar os desafios usando sabedoria diante da situação a ser enfrentada.

O Governo Deve se Concentrar em Fazer o País Prosperar

Salvar o Mundo Exige Ensinamentos e Poder Efetivo
Lembro que no verão de 2009 eu estava tão exausto que pensei que partiria logo para o outro mundo. Cada vez que dava uma palestra, achava que seria a última. Mas os seres humanos são surpreendentemente resistentes. Mesmo quando acredito que não conseguirei mais prosseguir, minhas forças são restauradas depois de um ou dois dias. É um mistério, pois, quando penso que cheguei ao fim, recupero as forças para seguir em frente mais uma vez.

Foi nesse mesmo ano que recebi uma nova missão do Céu – fundar o Partido da Realização da Felicidade e dar início a um movimento político. Esse desafio aumentou minha carga de trabalho e me cansou tanto física quanto mentalmente.

Realmente, este mundo não pode ser salvo apenas com ensinamentos. Existem muitas pessoas que foram esquecidas por seus governantes, o que significa que precisamos também de um poder efetivo para melhorar a situação. A missão de reconstruir a sociedade foi dada pelo Céu à Happy Science e ao Partido da Realização da Felicidade. Mesmo que essa missão não possa ser cumprida de imediato, devemos continuar tentando. Sem dispersar nosso limitado poder, devemos cumprir nosso trabalho religioso e ao mesmo tempo reformar e melhorar a sociedade. É por isso que empenhamos toda a nossa força e avançamos gradualmente a cada dia.

O CO_2 Não É a Causa do Aquecimento Global

No período das eleições para a Câmara dos Representantes, no verão de 2009, critiquei duramente o Partido Democrático japonês, atualmente no governo. Durante as eleições, o Partido Democrático garantiu em seu manifesto que "não aumentaria o imposto sobre consumo por quatro anos". Mas, logo depois das eleições, o partido criou um plano que incluía um imposto ambiental, o que é inacreditável. Talvez o partido "não tenha aumentado o imposto sobre consumo", mas está tentando criar um imposto ambiental, e considero essa ação ardilosa e injusta.

Embora o Partido Liberal-Democrata seja em parte responsável pela imposição da taxa ambiental, é o Partido Democrático que está tentando aumentar os impostos no meio do caos econômico. O Partido Democrático deu início a um processo de revisão orçamentária. Mas isso não passa de um espetáculo para a opinião pública. Ao declarar abertamente que a posição do governo é economizar o dinheiro dos impostos, o partido prepara o povo para um aumento nos impostos. Depois, em junho de 2010, o primeiro-ministro Kan sugeriu aumentar o imposto sobre consumo.

Ao implementar o imposto ambiental, o Partido Democrático trata o CO_2 como um mal absoluto, mas tenho um ponto de vista diferente sobre a questão. Acredito que o CO_2 não seja tão ruim quanto dizem, porque a vida na Terra é, na verdade, *sustentada* pelo CO_2. Esse gás é assimilado e convertido em nutrientes que, por sua vez, alimentam todos os seres vivos, inclusive plantas e animais. O CO_2 é absorvido e convertido em nutrientes pela fotossíntese, possibilitando que a vida vegetal prospere. Isso permite o aumento da população de animais que se alimentam de plantas, o que proporciona o aumento da população de animais que comem animais, e assim por diante. Portanto, tratar o CO_2 como um mal absoluto é, de certa forma, um erro.

Também desconfio que o CO_2 não seja a verdadeira causa do aquecimento global. Como mostrou o filme *2012*, há um cinturão de fótons na galáxia. Um cinturão de fótons é como uma faixa de elétrons. A Terra encontra-se, atualmente, dentro desse cinturão de fótons, o que é bem parecido a estar dentro de um gigantesco forno de micro-ondas. Isso faz com que o centro do planeta se aqueça, aumentando a temperatura geotérmica da Terra e, dessa forma, aumentando também a temperatura da superfície terrestre. É isso que tem tornado o mundo mais quente – e não o CO_2: é o cinturão de fótons que tem aquecido o mundo.

Embora esse cinturão de fótons esteja envolvendo a Terra agora, um dia sairemos dele, e então a Terra voltará a esfriar.

Além disso, essa crença no "totalitarismo do carbono", que diz que tudo o que produz carbono é ruim, já causou problemas para as nações em desenvolvimento. E, por afetar a produção industrial, está piorando a já deteriorada economia de países desenvolvidos. Grupos como a Federação Japonesa das Organizações Econômicas argumentaram que o Japão não deveria adiantar-se em suas decisões até que a China e os Estados Unidos também estivessem dispostos a diminuir a emissão de CO_2. Acredito que essa opinião esteja correta.

Por todas essas razões, creio que as medidas implementadas pelo partido da situação sejam equivocadas. Esses equívocos estão gerando um ciclo no qual novas taxas são criadas, piorando a economia e, por fim, aumentando a duração das dificuldades atuais na economia. Presumo que a economia japonesa continuará em situação ruim.

Desenvolver Novas Indústrias e Criar uma Economia Voltada para o Consumo

Não deveríamos estar controlando as emissões de CO_2 neste momento, pois elas não têm nada a ver com o aquecimento global. O que realmente precisamos fazer agora é nos concentrar em criar novas indústrias e tornar próspera a economia japonesa. Quando o país se torna próspero, pode arrecadar mais impostos e reorganizar as finanças nacionais. Sendo assim, é vital criar mais e mais indústrias para o futuro. O Japão deve buscar isso e aceitar investimentos estrangeiros para desenvolver novas indústrias domésticas e indústrias para o futuro.

Além disso, em razão do iene forte, é vital criar uma economia voltada para o consumo. Precisamos estimular o crescimento de uma economia expansiva baseada na importação. É isso que devemos fazer agora.

O Partido da Realização da Felicidade defendeu a eliminação da taxa de consumo nas eleições passadas. Infelizmente, 60% do povo japonês considerou que o governo não tinha outra escolha a não ser aumentar os impostos. Acredito, porém, que os cidadãos estão se sentindo enganados, agora. Quando os impostos aumentam, o consumo diminui, e as pessoas começam a guardar dinheiro nos bancos. Se os bancos se tornam pouco confiáveis, as pessoas guardam dinheiro sob o colchão. Ou seja, quando os impostos são muito altos, as pessoas param de comprar produtos.

Uma vez que a cotação do iene sobe e os bens importados ficam mais baratos, é importante mudar a política nacional para aumentar o consumo de bens importados. O Japão precisa tomar a iniciativa e aumentar significativamente a quantidade de produtos importados. Em resumo, devemos fazer exatamente o que os Estados Unidos estavam fazendo há algum tempo: comprar bens de vários países em desenvolvimento da África e da Ásia. Precisamos comprar esses bens, afixar um valor agregado, consumi-los no mercado interno ou vendê-los para o exterior, criando assim novos postos de trabalho.

Atualmente, o governo japonês tem feito o oposto disso. A economia só vai piorar se o governo implementar políticas que apertem o cinto dos consumidores. Creio que isso provocará sérios problemas econômicos a longo prazo.

Em vez de distribuir "auxílio-creche", seria melhor se o governo distribuísse exemplares dos meus livros sobre gerenciamento financeiro – *Introduction to Management* (Introdução ao Gerenciamento), *Introduction to Top Executive Management* (Introdução ao Gerenciamento de Alto Escalão) e *Future-Creating Management* (Gerenciamento Visionário) – para que todos os empresários melhorassem seus negócios. Se as empresas não dão lucro, o recolhimento de impostos diminui. Por isso, aumentar os lucros das companhias é mais eficiente para aumentar a arrecadação de impostos.

Hoje, mais de 70% das empresas japonesas são deficitárias, portanto, não há esperança de aumento na arrecadação de impostos. As companhias não estão dispostas a contratar novos empregados. Mais que isso, em razão do baixo desempenho das empresas, sempre têm surgido pessoas que sentem inveja da camada mais abastada da sociedade. Isso apenas irá piorar a situação.

O governo japonês, nesse exato momento, não tem visão. O Partido Democrático não possui uma política governamental que encoraje o crescimento da economia, não tem esperança nem visão, mostra-se sempre pessimista. Mas queremos transformar o Japão num país cheio de esperança. Quero criar um futuro brilhante para este país, e espero que a geração dos nossos filhos possa criar uma era melhor do que aquela em que vivemos hoje.

Primeiro, Siga o Caminho da Fé

O Rápido Crescimento da Happy Science em Uganda e na Índia

A Happy Science deve ser gerenciada por meio de uma combinação de fé e de atividades mundanas. Embora essa seja um tarefa muito difícil, ambas são formas de difundir a felicidade. Nesse sentido, é importante construirmos essa nação da maneira correta, criar prosperidade no Japão e partilhar essas bênçãos com outros países.

Um bilhão de pessoas ao redor do mundo passa fome atualmente. Esse problema não vai ser resolvido se todos nos tornarmos igualmente pobres. É crítico para o Japão formular e demonstrar um método para tornar um país próspero, e ensiná-lo a outros países.

Meus livros são bastante populares na África, e nossos ensinamentos têm se espalhado pelo continente. Muitos leitores africanos afirmam que, quando estudam a Happy Science, conseguem ver o que o país deve fazer. Eles podem ver o futuro nos ensinamentos da Happy Science e acreditam que esses ensinamentos irão desenvolver cada nação.

O filme *O Renascimento de Buda* foi dublado na língua falada em Uganda e tem sido transmitido pela TV para todo o país. Estima-se que a audiência esteja na casa de 1 milhão de pessoas. Uma vez que os japoneses nem sequer permitiriam que os filmes da Happy Science passassem na TV, o que acontece em Uganda é realmente incrível.

As atividades da Happy Science na Índia também são notáveis. O mesmo filme foi exibido em várias localidades indianas, e durante uma apresentação, das cerca de 3.500 ou 3.600 pessoas presentes, 1.200 tornaram-se adeptas da Happy Science na hora. Compreensivelmente, é mais fácil apreender os ensinamentos da Happy Science em formato de desenho animado. Contudo, acredito que a diferença esteja na postura positiva dos cidadãos em relação à religião. Em países onde a religião é vista sob uma luz positiva, as pessoas participarão ativamente das religiões pelas quais se sentem atraídas.

Os Materialistas Têm Dificuldade para Entender a Própria Morte

Comparado com a Índia e a África, o Japão, em geral, tem uma visão negativa da religião. No que se refere a religiões antigas, o povo japonês é indiferente, desde que a religião permaneça restrita ao turismo e aos funerais. Atualmente, muitos japoneses não valorizam religião nenhuma. Mas essas pessoas serão colocadas numa situação semelhante à do jornalista materialista que comete suicídio no começo do filme *O Renascimento de Buda*.

Pessoas que não possuem fé alguma não conseguem entender o mundo pós-morte, por isso é muito difícil salvá-las.

Existem pessoas que afirmam categoricamente que o outro mundo e as almas não existem, e que todas as religiões são uma completa enganação. Quando essas pessoas morrem, mesmo que outras venham salvá-las, elas simplesmente não ouvem. É necessário muito esforço para convencê-las de que estão mortas. Quem não dá ouvidos aos ensinamentos espirituais em vida também não os escuta depois da morte. Embora as pessoas estejam mortas, procuram desculpas para provar que continuam vivas. Dizem que ainda estão "num quarto de hospital", "sofrendo alucinações" ou que foram "drogadas". Simplesmente não conseguem aceitar a própria morte.

Em resumo, como tudo em que elas acreditam desaparece depois da morte, tais pessoas raciocinam que continuam vivas porque ainda estão conscientes. Embora vejam que estão num mundo diferente, convencem-se de que estão delirando, isoladas num quarto de hospital, ou que foram parar em algum lugar misterioso. A princípio sofrem um choque, mas aos poucos se acostumam com o ambiente que as cerca e se convencem de que ainda vivem. Depois essas pessoas começam a vagar pelo mundo espiritual próximo da Terra, possuindo pessoas vivas e provocando infelicidade no âmago da própria família.

Promova a Importância da Fé para as Pessoas

Eu não ensino nada difícil aqui. Primeiramente, gostaria de enfatizar a importância da fé. Claro que existem boas e más religiões, e muitas delas apresentam falhas quando analisadas de um ponto de vista secular. Mas, não importa qual a religião, se você tem fé, é fácil para você se arrepender, tudo o que precisa fazer é mudar a forma de pensar, de acordo com os ensinamentos certos.

Muitas pessoas de diferentes religiões juntam-se à Happy Science e passam a estudar seus ensinamentos. Embora a religião original delas talvez esteja equivocada de acordo com a perspectiva da Happy Science, elas ainda podem encontrar o caminho certo. Desde que tenham fé, uma vez que compreendam os ensinamentos da Happy Science, as pessoas podem corrigir seu jeito de pensar e passar a seguir o caminho correto.

Por essa razão, a fé é de extrema importância. Também é importante não depreciar o poder salvador de Deus, porque ele é forte. Quando você retorna ao outro mundo, não pode contar com ninguém, só com o poder de Deus ou do Céu. No Inferno, há multidões esperando ser salvas por anjos, *bodhisattvas* ou *tathagatas*. Mas, enquanto é fácil salvar pessoas que pertenceram a uma religião quando vivas, essa tarefa resulta mais difícil com aqueles que negavam completamente a religião e o pós-vida; por isso, o sofrimento dessas pessoas tende a ser longo.

Passei mais de vinte anos conduzindo a Happy Science. Mas antes de fundá-la eu já trabalhava havia cinco ou seis anos para provar a existência do mundo espiritual, oferecendo mensagens recebidas do outro mundo. Ou seja, já se passaram trinta anos, e continuo a ter experiências espirituais. Sinto que o termo "100%" não basta para expressar o quanto acredito no mundo espiritual. Na verdade, tenho "200%" de certeza. Não há a menor sombra de dúvida sobre a existência do mundo espiritual.

Meus discípulos já falecidos têm me enviado mensagens, dizendo que "tudo é como o senhor falou que seria", "o mundo espiritual é do jeito que o senhor disse que era" e "as leis funcionam exatamente da forma como o senhor ensinou", e isso fortaleceu minha confiança nos meus ensinamentos.

Por isso, promova a grandeza da fé no fundo de sua mente. Antes de mais nada, é importantíssimo crer. Não é necessário dar desculpas e argumentar que "os ensinamentos são muito difíceis" ou "decidirei se vou fazer parte da Happy Science depois de ler todos os livros e ter certeza de que ela está certa". Recomendo muito que você siga primeiro o caminho da fé e junte-se à Happy Science.

Meus Ensinamentos São Absolutamente Verdadeiros

O Darma do Correto Coração Tem Imenso Poder de Salvação

A Happy Science tem um livro fundamental de sutras chamado *Ensinamento Búdico: Darma do Correto Coração*, cuja virtude é muito profunda.

Existem hoje muitos templos xintoístas e budistas, e não quero interferir no trabalho deles, mas sinto que na maioria de suas orações falta uma vibração espiritual. Isso ocorre porque as preces estão escritas em chinês clássico, e nem a pessoa que recita as orações nem quem as escuta entende o que está sendo dito.

Mas esse livro foi escrito em linguagem moderna e pode ser compreendido por todas as pessoas. Além disso, há nele um sutra chamado "Palavras da Verdade: Darma do Correto Coração", que também é encontrado no livro azul de orações para novos membros da Happy Science. Recitar o darma leva cerca de cinco minutos.

Também produzi um CD de áudio no qual eu mesmo recito o sutra e que está disponível para os nossos membros. Quando toco esse CD, demoro apenas alguns segundos para conseguir uma resposta espiritual. A resposta espiritual pode ser a visita do espírito guardião de alguém que encontrei no decorrer do dia, de espíritos que estão possuindo alguém a quem estou ligado ou de outros tipos de espíritos reunidos à minha volta. Se há um espírito perto de mim, ele começa a reagir em poucos segundos.

Essa oração é verdadeiramente poderosa. Todos os seguidores da Happy Science podem receber o livro azul de preces ou o livro de sutras básicos e recitá-los. Até mesmo o simples fato de ouvir o CD com minha narração tem o poder de expulsar espíritos obsessores. Na verdade, o "Darma do Correto Coração" tem o poder de salvar pessoas.

O Benefício de Acreditar na Existência do Outro Mundo e dos Espíritos

De certa forma, acreditar na existência do mundo espiritual é como fazer uma aposta na qual se tem 50% de chance de ganhar. Se eu estiver dizendo a verdade, acreditar em mim será benéfico para você no pós-vida. Mas, se eu estiver mentindo, nenhum dano lhe será causado, porque a sua consciência irá desaparecer após a morte. Se o seu ser desaparecer depois da morte, você não sentirá raiva por ter sido enganado por mim. No entanto, se eu estiver dizendo a verdade, você ficará em grande desvantagem por não ter acreditado em mim.

Ao decidir se vai acreditar em mim ou não, por favor saiba que confio plenamente nos meus ensinamentos. Essa confiança foi construída ao longo dos últimos trinta anos de minhas atividades. Tenho confiança total no meu objetivo de divulgar esses ensinamentos para salvar todas as pessoas do mundo, e busco a ajuda de todos para alcançar esse objetivo.

Mesmo que sua conta bancária esteja cheia de dinheiro, você não vai levar um centavo para o outro mundo. A única coisa que conseguirá levar é a sua mente, portanto, procure cultivá-la. O dinheiro só pode ser usado enquanto você está vivo. Embora você possa deixar dinheiro para seus descendentes, não há como levá-lo consigo. Você não pode comprar uma passagem para atravessar o rio Estige[3] e entrar no mundo espiritual. O único jeito de atravessar esse rio é livrar-se do seu apego às coisas deste mundo.

Uma vez que a melhor combinação é alcançar a felicidade tanto nesta vida quanto no pós-vida, por favor escolha um caminho no qual você será feliz tanto aqui quanto no mundo espiritual.

---

3. Na mitologia grega, o barqueiro Caronte fazia a travessia dos mortos pelo Estige, o rio da imortalidade, para chegar ao outro mundo. Em japonês, esse rio é conhecido como Sanzu. (N. do E.)

Viva com Fé

Todas as pessoas têm vida eterna, e todas já reencarnaram na Terra várias vezes. Portanto, mesmo que você já tenha passado por tragédias em uma existência – acidentes, doenças, fracasso e outras desgraças –, Deus ou Buda está sempre observando você de uma perspectiva mais ampla. Mesmo que esteja cometendo erros a curto prazo, Deus ou Buda valorizam as lições que você aprendeu durante as suas numerosas encarnações. Assim, não importa que tipo de tragédia recaia sobre você, espero que viva com uma fé inabalável. E, por favor, encoraje aqueles que ainda não despertaram espiritualmente a entrar no mundo da fé.

Muito tempo atrás, Shinran, fundador do Shin Budismo da Terra Pura, disse: "Se eu fosse enganado pelo venerável Honen e fosse para o Inferno por cantar o nome de Buda, eu nunca me arrependeria disso... pois, como sou absolutamente incapaz de qualquer prática religiosa, não tenho outra opção senão ir para o Inferno". Em outras palavras, isso significa: "mesmo que meu mestre me engane, me faça acreditar numa falsa religião e praticá-la, e como resultado eu for para o Inferno, não me arrependerei. Não sou feito para nenhum tipo de disciplina, por isso mereço ir para o Inferno". Essa citação expressa a essência da fé.

Falando nos termos da Happy Science, isso quer dizer: "Não me importo de ser enganado por Ryuho Okawa e ir para o Inferno. A forma como eu vivia antes de conhecer esses ensinamentos faria com que eu fosse para o Inferno, de um jeito ou de outro. Vou acreditar no que meu mestre diz e segui-lo até o fim. Se eu for mesmo para o Inferno e reencarnar como um animal, será porque não me esforcei o suficiente nesta encarnação. Portanto, não vou me importar com o que acontecerá comigo no futuro, apenas continuarei seguindo meu mestre".

Tenho a profunda convicção de que, na presente era, sou a única pessoa capaz de apresentar ensinamentos como os dos fundadores de religiões mundiais como o cristianismo e o budismo. Tenho muita confiança nisso. Por isso, a Happy Science deve ser alvo de maior reconhecimento no Japão e no resto do mundo.

Nossos ensinamentos estão sendo transmitidos atualmente no Nepal e na Índia, berços do budismo. Um novo templo está sendo aberto em Bodh Gaya, onde Buda alcançou a iluminação. Estamos espalhando nossos conhecimentos por países de onde, no passado, recebemos ensinamentos. É uma retribuição que denota nossa gratidão.

Num certo sentido, é surpreendente que os ensinamentos da Happy Science estejam sendo aceitos na Índia. No Japão, existem diversas seitas budistas e novas religiões baseadas no budismo, mas muitas são incapazes de aceitar o renascimento de Buda. O povo indiano, porém, tem aceitado o fato de que Buda renasceu, e está reconstruindo o templo de Bodh Gaya em terras doadas por um seguidor indiano. O "culturalmente avançado" povo do Japão, que tem "alto nível de escolaridade", tende a ser cético, mas o povo indiano nos vê de uma perspectiva sem mácula e é capaz de sentir que meus ensinamentos são verdadeiros.

Você Irá para o Céu se Recitar o Darma do Correto Coração Todos os Dias

Tenho plena confiança de que meus ensinamentos continuarão a se espalhar pelo mundo. Dessa forma, peço aos que creem na Happy Science que encorajem outras pessoas a ter fé. Talvez existam pessoas que digam que não podem ler tantos livros, mas acredito que apenas recitar o "Darma do Correto Coração" é suficiente. Por isso, por favor, encoraje outras pessoas a receber e ler esse sutra ou a ouvir a versão em CD. Transformar a leitura ou a audição desse sutra num hábito evitará que você vá para o Inferno. Pelo que tenho observado, esse certamente é o caso.

Meus discípulos talvez argumentem que as pessoas deixarão de se esforçar em treinar sua alma se a salvação for assim tão simples, mas recitar essa oração é realmente a forma mais simples de salvação. Tomando emprestadas as palavras de Shinran, por favor, ceda, mesmo que esteja sendo enganado por mim. Mesmo que eu seja um mentiroso, submeta-se inteiramente a mim e seja enganado. Vamos passar juntos por treinamento espiritual no Inferno.

Tendo dito isso, porém, afirmo que confio plenamente nos meus ensinamentos. Creio que meus ensinamentos são absolutamente verdadeiros. Nos últimos trinta anos, desde que iniciei minhas atividades, meus ensinamentos têm sido sólidos e consistentes, e compreendo claramente a diferença entre Céu e Inferno. Por favor, tenha fé o bastante para ser capaz de dizer que não se importa caso seja enganado por mim ou tenha de me seguir até o Inferno. Se você tiver essa fé, o mais provável é que se veja voltando para o Céu. E, caso você se transforme num anjo, esteja preparado para se entristecer diante do grande número de pessoas que precisam ser salvas.

Meu sincero desejo é salvar o maior número possível de pessoas. Para alcançar esse objetivo, conto com os esforços e ações de cada indivíduo. Se você puder estender a mão para salvar outras pessoas, nada me fará mais feliz que isso.

Capítulo 3

CULTIVAR UMA MENTE
PRODUTIVA

Não Culpe o Seu Ambiente e Siga em Frente

Quando estiver sem energia, gere sua própria energia

Na deprimente estação das chuvas, mais de 90% das pessoas sentem-se desanimadas pela manhã e não têm energia para fazer nada. As pessoas costumam ser influenciadas pelo ambiente ou pelas circunstâncias e se deixam ficar melancólicas. É nessas horas que se deve tomar uma atitude para gerar a própria energia e melhorar de ânimo.

Você não vai se tornar bem-sucedido caso se sinta cheio de energia somente quando todos à sua volta estiverem alegres e também cheios de energia. Mesmo quando as pessoas ao seu redor estiverem deprimidas e esgotadas você precisa seguir em frente. Se mantiver esta atitude, naturalmente vai começar a seguir à frente dos outros. Durante a estação das chuvas, o simples fato de viver, agir, ir trabalhar com um rosto alegre lhe fará bem. O seu sorriso brilhante e sua disposição positiva pavimentarão o caminho para a prosperidade.

Quando você está numa situação em que os outros normalmente se sentiriam inertes, infelizes ou deprimidos, é importante assumir um estado de espírito oposto. As pessoas que sempre se esforçam por ser alegres iluminam o ambiente e tornam-se líderes nas várias camadas da sociedade. Ou seja, aqueles que querem ser líderes devem ser capazes de gerar sua própria energia. Você deve manter uma atitude que afaste todas as justificativas, mantendo-se acima das circunstâncias e abrindo caminho de maneira proativa.

Se você já tem mais idade, seu corpo talvez sinta dores na estação chuvosa, mas não deixe que isso se torne uma desculpa. É importante manter sempre uma atitude de "nada de justificativas". Quando outras pessoas estiverem se sentindo fracas e reclamarem, você deve permanecer firme e assumir uma atitude positiva. No geral, quanto mais experiência de vida você tem, maior é a sua influência sobre os outros, então por favor faça um esforço para pensar de forma otimista, e não pessimista.

Sempre que perceber que vai sucumbir a um jeito triste e negativo de pensar, cerre os dentes e consiga ânimo para lutar contra essa sensação.

Coloque-se de propósito em situações difíceis e aumente a sua "capacidade média"

Ao se esforçar para gerar sua própria energia, sua "capacidade média" como indivíduo vai começar a aumentar gradualmente.

As pessoas costumam definir-se de certa maneira, acreditando que são capazes de conseguir apenas algumas coisas em determinadas condições. Mas é importante aumentar de modo constante o seu grau de capacidade. Quando se encontrar numa situação difícil ou não estiver em boas condições, se você continuar tentando e fazendo um esforço para seguir em frente, irá aos poucos aumentar a sua "capacidade média".

Eu também preciso me esforçar. Por exemplo, dei essa palestra, "Cultivar uma Mente Produtiva", em um dos templos locais da Happy Science. Na semana anterior, havia ministrado um seminário sobre gerenciamento para uma grande plateia em um de nossos templos, o Tokyo Shoshinkan. Três dias depois do seminário, de manhã, terminei de conferir as primeiras provas de *An Introduction to Management* (Introdução ao gerenciamento), um livro com muitas páginas escrito por mim, e de tarde fiz uma palestra em inglês, sobre esse livro, no templo matriz da Happy Science. Ou seja, no espaço de poucos dias eu me coloquei o desafio de dar uma palestra para muitas pessoas, conferir a prova de um livro e fazer uma palestra em inglês.

O normal seria uma pessoa, quando cansada, evitar dar uma palestra em língua estrangeira, porque nessas condições as palavras de outra língua não vêm à mente com tanta facilidade. Por que fiz isso, então? Eu me coloquei de propósito nessa situação a fim de me preparar para quando estiver numa condição ainda pior. Por exemplo, quando for dar palestras em outros países e estiver estressado por causa da diferença de fuso horário ou de imprevistos.

Não estou sempre nas minhas condições ideais, por isso eu quis praticar falar em inglês para quando tiver de falar em outro cenário pior. Em resumo, fiz um teste de estresse por conta própria, para saber se conseguiria dar uma palestra em inglês quando meu cérebro estava se sentindo esgotado.

Foi difícil, porque as palavras em inglês não vinham à minha mente com facilidade, mas eu sabia que, se continuasse a treinar dessa forma, seria capaz de proferir palestras em outros países, apesar da diferença de fuso horário e da falta de uma boa noite de sono. Poder falar em inglês apenas quando estou me sentindo tranquilo e descansado não seria suficiente para a situação atual, em que preciso me apresentar em outros países. Por essa razão, senti que era melhor praticar quando meu cérebro se sentia cansado.

Além disso tudo, apenas quatro dias depois de dar a palestra em inglês realizei outra palestra num templo japonês. Uma semana depois, participei de outro grande evento no Tokyo Shoshinkan, que foi transmitido via satélite para todo o Japão. Dessa forma, forcei-me a passar por situações difíceis para melhorar minha capacidade.

Algumas pessoas à minha volta queriam que eu descansasse e guardasse minhas energias para o grande evento, mas acredito que a grandeza consiste em conseguir fazer algo difícil apesar do cansaço físico. Se eu só fizer o que puder depois de ter tido tempo para relaxar e reunir forças e energia, estarei sendo indulgente comigo mesmo. Se facilitar as coisas para mim mesmo, será difícil difundir a Verdade no Japão e no mundo. Tenho autoconfiança porque sei que posso "participar da grande batalha" mesmo nas piores condições. É por isso que sempre evito pessoas que me aconselham a descansar, e continuo a pregar.

As Leis da Salvação

A Tragédia que se Aproxima da Humanidade e Esperança no Futuro

Palavras de Advertência do Mundo Celestial sobre a Mente Humana

Uma era difícil espreita a humanidade. Incidentes inacreditáveis começarão a ocorrer, um depois do outro. Predigo que muitas tragédias surpreendentes acontecerão enquanto você ainda estiver vivo.

Em anos recentes, muitas dessas catástrofes inesperadas já ocorreram. Por exemplo, em 2004 o terremoto em Sumatra-Andaman provocou um tsunami gigante que matou muita gente. Depois, em 2005 um terrível furacão provocou a inundação de uma região dos Estados Unidos. Em 2008, um grande ciclone atingiu Mianmá e um terremoto trouxe danos a 40 milhões de pessoas na província chinesa de Sichuan. Mais dessas catástrofes estão previstas para o futuro.

Entendemos, até certo ponto, por que essas tragédias estão acontecendo. De fato, esses incidentes constituem um alerta para a humanidade, um aviso sobre a sua disposição mental e espiritual. Está sendo dado um aviso, tentando prevenir os seres humanos que se encontram atualmente num estado de mera sobrevivência e propagação da espécie. O Céu está expressando seu desejo às pessoas na Terra, instando-as a arrepender-se do modo como vivem. De agora em diante, o caminho para o progresso não se abrirá com facilidade para a humanidade; várias catástrofes se abaterão sobre nós.

É Necessário Expandir a Mente para Contrabalançar o Progresso Material

Então, o que é que os Grandes Espíritos Celestiais mais desaprovam? Para resumir, eles não estão contentes com a perda de fé da humanidade.

Há cerca de 150 anos, Karl Marx deu início ao movimento comunista. Embora o comunismo esteja acabando como sistema político e movimento ideológico, como filosofia materialista sua influência no campo da ciência e da tecnologia não para de aumentar.

Nossa sociedade desenvolveu-se muito no sentido material. Nos últimos 150 anos, fizemos progressos incríveis no campo material. Esse progresso tornou nossa vida mais fácil, e não tenho a intenção de renegá-lo. No entanto, para contrabalançar tamanho progresso material, é necessário também o crescimento mental e espiritual da humanidade. O desenvolvimento da mente e do espírito devem ser proporcionais. Quando esse equilíbrio se perde, as pessoas tornam-se arrogantes e orgulhosas. Acreditam que podem agir como Deus e que nada lhes é impossível.

Por exemplo, as pessoas hoje tentam clonar seres humanos por meio da engenharia genética. A farmacologia também avançou muito, e as pessoas aderem à "crença" de que os humanos são objetos materiais, que podem ser curados por outros objetos materiais. Em razão da força da influência do materialismo no mundo, as pessoas têm perdido a fé e tentado se transformar no próprio Deus.

Outro exemplo dessa tendência de arrogância pode ser observado no mundo árabe. Em Dubai foi construído o edifício mais alto do mundo, que lembra bem de perto a antiga Torre de Babel[4]. Uma tendência semelhante pode ser vista na questão dos armamentos nucleares. Os seres humanos armazenaram artefatos nucleares em quantidade suficiente para destruir o mundo várias vezes. Mais que isso, os países que têm armas nucleares estão tentando dispersá-las pelo planeta.

Você acha que os Grandes Espíritos Celestiais aprovariam isso? Será que eles permitiriam que os humanos continuassem produzindo armas capazes de aniquilar a Terra? Permitiriam uma situação na qual uma guerra poderia ser deflagrada a qualquer instante? Se vo-

---

4. Construção bíblica cujo cume os homens pretendiam elevar até o Céu, igualando-se a Deus. (N. do E.)

cê pensar nessas questões de uma perspectiva maior, será capaz de encontrar a resposta.

É claro que os Grandes Espíritos não vão ficar parados sem fazer nada. Eles irão advertir a humanidade e insistir para que os humanos se tornem mais humildes e mudem sua forma de pensar. No fim, artefatos como as armas nucleares são criados porque as pessoas não acreditam no pós-vida. Os seres humanos sabem que não podem viver eternamente neste mundo. Por isso, quando acreditam que tudo acaba com a morte, pensam apenas em levar vidas prazerosas e confortáveis. E não se preocupam se tiverem que destruir a vida de outras pessoas para conseguir isso. Mas os Grandes Espíritos não permitirão que essa situação perdure para sempre.

O Mundo Enfrentará Muitos Perigos Semelhantes a um Armagedom

As recentes catástrofes são um mero prelúdio para uma sucessão de futuras calamidades. Daqui para a frente, mais tragédias vão se abater sobre o mundo. Enquanto você e boa parte das pessoas que conhece estiver viva, muitos outros incidentes vão fazer o mundo tremer de medo.

No passado houve uma epidemia de *influenza*, uma forma mutante da gripe aviária, mas isso pode ocorrer no futuro. Também no futuro próximo a Terra será ameaçada duas vezes por um asteroide. Quando isso ocorrer, é possível que haja pânico em larga escala. Dentro das próximas décadas, esses perigos ocorrerão vezes sem conta. Perceba que esses são sinais dados à humanidade.

As pessoas precisam despertar. Precisam conhecer a verdadeira natureza do ser humano. Não há problema em desfrutar do desenvolvimento científico, mas também é necessário desenvolver proporcionalmente a mente e o espírito, dar mais espaço para a alma e, o mais importante, cultivar a fé. O cultivo da fé também pode ser descrito como o cultivo do espírito por meio da gratidão.

Este mundo é como um "pequeno jardim" no meio do grande universo, mas algumas pessoas acreditam que este mundo é tudo e tentam até mesmo destruí-lo. Elas precisam saber, porém, que o Céu dará milhares de avisos, um após o outro, para aqueles que tentam destruir justamente o lugar que lhes foi dado para o treinamento da alma.

Nossa Missão É Criar Esperança para o Futuro
A missão da Happy Science é bem maior do que você imagina. Talvez nem mesmo os seguidores da Happy Science compreendam a grandeza da missão conferida a eles. Hoje, pode ser que a Happy Science passe despercebida no mundo e que nossa influência tenha alcançado apenas parte dele.

Dentro de algumas décadas, no entanto, muitas calamidades em escala global ocorrerão e as pessoas começarão a buscar *algo*. Vão começar a questionar: existirá algo capaz de erradicar o medo do futuro e as ameaças globais à humanidade? Existe esperança no futuro da humanidade? Num futuro próximo estas questões serão feitas no mundo todo.

A missão da Happy Science é responder a essas perguntas. Por isso, temos trabalhado apaixonadamente para levar a Verdade a outros países, ao mesmo tempo que aumentamos nossas atividades no Japão. Se você se sente satisfeito com a mera sobrevivência da Happy Science como seita religiosa, eu gostaria que você mudasse seu jeito de pensar. Quero que você saiba que, de uma forma ou de outra, cada membro da Happy Science deve assumir um papel de liderança nesse movimento para a salvação da humanidade.

Com relação aos cidadãos japoneses de hoje, mais especificamente, espera-se que eles deem um passo além da mentalidade de quem vive numa ilha, que enxerguem e pensem na escala global, que indiquem a direção que o mundo deve seguir. O Japão é a segunda maior economia global e deve conduzir e guiar o mundo.

O Futuro dos Estados Unidos e da Ásia

Os Estados Unidos Não Serão Mais a "Polícia do Mundo" e Vão se Concentrar em Assuntos Internos

Atualmente, os Estados Unidos enfrentam uma série de problemas, e o modo americano de pensar está chegando ao fim. Em outras palavras, os Estados Unidos são fortemente influenciados por uma filosofia que apoia o uso da força. Se eu fosse usar uma metáfora, diria que a filosofia americana se parece muito com o pensamento de Jaian, o personagem "valentão-intimidador" do *Doraemon*, um desenho animado japonês. Ou seja, o mundo, hoje, está sendo protegido por um "valentão-intimidador".

A filosofia americana, como a do personagem, é bater nos inimigos. Mas será essa a melhor maneira de manter a paz mundial? Não existe um modo mais gentil de fazer isso? O alicerce espiritual do país não é forte o bastante. Por exemplo, a ideia americana de "justiça" com frequência é conveniente apenas para os Estados Unidos, o que não é bom para o mundo como um todo. Por essa razão, precisamos apresentar uma nova filosofia ao planeta.

A eleição presidencial americana de 2008 teve como candidatos McCain, do Partido Republicano, e

Obama, do Partido Democrata. Na época, pensei que, se McCain vencesse, o governo americano manteria o *status quo* e o Japão poderia depender dos Estados Unidos por mais alguns anos. Embora essa não fosse a melhor solução, se McCain tivesse sido eleito presidente o Japão poderia ter sido apoiado e protegido por mais algum tempo. E pensei que se Obama, um político da extrema esquerda americana, governasse por quatro anos, o país não seria mais os "Estados Unidos" que conhecemos.

O que acontecerá então com os Estados Unidos? Até agora, desde a Segunda Guerra Mundial, o país tem agido voluntariamente como a "polícia do mundo". No entanto, logo abandonará o papel de fiscalização e começará a se concentrar em seus assuntos internos. O governo americano está no vermelho, e ficaria feliz em diminuir os gastos militares. Os Estados Unidos começarão a cortar o orçamento militar e interromperão o policiamento do mundo. Vão dar mais atenção aos assuntos domésticos e irão elevar o padrão de vida dos afro-americanos e de outras minorias. Conseguirão assim acabar com o racismo e buscar a igualdade dentro de seu território.

Como resultado disso, o país vai se isolar um pouco do resto do mundo e se concentrar em si próprio. Vai se concentrar cada vez mais em seus assuntos internos e começar a ignorar o resto do mundo.

Mais que isso, presumo que Obama será leniente com as regiões islâmicas. Ele já viveu na Indonésia, e suas raízes estão na África, onde o islamismo é bastante difundido, por isso creio que ele será brando com as regiões islâmicas. Já faz um bom tempo que os Estados Unidos estão empenhados na chamada "guerra contra o terror", que tem por inimigos os fundamentalistas islâmicos. Acredito, porém, que Obama irá procurar uma solução política mais pacífica para chegar a um meio-termo com o islã.

Prevejo que a influência americana gradualmente se voltará para assuntos internos e encontrará um meio-termo para estabelecer a paz com as regiões islâmicas. Embora uma posição antibelicista seja boa, o mundo perderá seu eixo central e se encontrará numa situação de caos. A princípio, o mundo parecerá ter alcançado temporariamente a paz, mas em seguida se verá sem um líder.

A Era em que o Japão, a China e a Índia Competirão como as Três Potências da Ásia
Ao mesmo tempo, a Ásia vai entrar numa era em que o Japão, a China e a Índia vão competir como as Três Potências da Ásia. Esses países formarão um forte triângulo político e econômico. Bill Emmott, jornalista britânico, também discute essa questão.

Desses países, a China e a Índia já se tornaram superpotências militares com armas nucleares. O que acontecerá com o Japão quando os Estados Unidos se afastarem dos assuntos asiáticos? O mais provável é que a situação fique difícil para o país. O Japão entrará em apuros, ficando à beira do precipício, sem saber se continuará a existir ou não como país.

O que podemos dizer é que, agora que o Partido Democrata assumiu o poder com Obama, o Japão não pode mais confiar nos Estados Unidos e deverá se tornar mais independente. Com a Happy Science como eixo central, o Japão deve tornar-se um país capaz de expressar suas próprias opiniões para o mundo. Devemos criar cidadãos capazes de declarar seus pensamentos e cumprir seu papel de líderes da região do Pacífico asiático.

O Japão Deve Apresentar uma Visão de Futuro para a Humanidade

A China considera o ano de 2020 um marco importante. O país pensa em 2020 como o ano em que poderá falar com os Estados Unidos de igual para igual. Assim, se o Japão vai entrar numa Era de Ouro de 2020 a 2037 e liderar o mundo, como prevê a Happy Science, ou se o mundo entrará numa era de terror, depende apenas de nossas atividades. Eu também pretendo fazer todo o possível. Estou levando meus ensinamentos para a China, e o número de nossos seguidores na Índia também tem aumentado.

    Ao mesmo tempo, é igualmente necessário corrigir o ideal da supremacia branca, subjacente às religiões cristãs. Esse ideal está longe do verdadeiro cristianismo. Não se pode deduzir dos ensinamentos de Jesus um ideal que dá margem ao genocídio. Esse conceito provavelmente teve origem no antigo judaísmo e nas filosofias europeias germânicas, mesclando-se então aos ensinamentos cristãos. Precisamos combater a ideologia da supremacia branca com os nossos ensinamentos e eliminá-la ao nível religioso.

    Também existe uma preocupação com a Coreia do Sul. Quando dei uma palestra no templo da Happy Science em Seul, eu disse que não seríamos bem-sucedidos na divulgação da Verdade na Coreia a menos que conseguíssemos dar fim ao movimento antinipônico e à educação antinipônica que existe no país. Uma vez que muitos coreanos acreditam que o Japão é uma nação do mal, eles seriam incapazes de acreditar que o Salvador nasceu lá. Mas a verdade é uma só, e a nacionalidade não pode influenciar isso. Portanto, pedi aos coreanos que olhassem para o conteúdo dos nossos ensinamentos e decidissem por si mesmos se são verdadeiros.

Se o Japão continuar hesitando em se manifestar, não poderá se tornar o líder mundial. Estamos tentando criar agora uma era na qual as filosofias nascidas no Japão indicarão o futuro da humanidade e guiarão o mundo. É uma Era de Ouro que prevejo para o Japão. E, para alcançá-la, devemos desenvolver uma visão de futuro para o mundo. Como deverá ser a humanidade, que direção deveremos seguir, o que acontecerá nos séculos 21 e 22 – o país que puder apresentar tais visões do futuro será o próximo líder do mundo. O Japão está próximo de alcançar essa posição.

Conduzir o Mundo na Direção Certa

Para Tornar-se uma Nação Determinada, Firme, o Japão Deve Ter uma Religião
Quando Yasuo Fukuda era primeiro-ministro do Japão, fez o possível para dar respostas vagas e esquivar-se de suas responsabilidades. Evitar respostas definitivas e mostrar-se escorregadio como uma enguia parecia ser um talento especial dele. Se alguém no cargo de primeiro-ministro perder a calma, logo perderá a posição que ocupa. Saber evitar contra-ataques e dar respostas evasivas muitas vezes cria espaço para que um problema se resolva sozinho, então talvez esse talento seja necessário ocasionalmente.

Imaginei que Fukuda tivesse um mandato curto, e não o critiquei muito na época. No entanto, senti vontade de injetar um pouco de coragem nele. Países estrangeiros zombavam de Fukuda devido à sua falta de firmeza. Devemos dizer corajosamente o que precisa ser dito: considero o Japão a segunda maior superpotência mundial. Por isso, devemos tomar a iniciativa e expressar nossas opiniões com clareza.

Os Estados Unidos encontram-se atualmente num momento de confusão. As opiniões dos cidadãos americanos estão divididas, e eles não sabem direito o que fazer. Em momentos como esse, como segundo país mais forte, devemos expressar nossas opiniões. Devemos ser capazes de apontar com clareza o que os Estados Unidos devem fazer. O Japão ainda tem muito a realizar a esse respeito.

Nesse sentido, o trabalho da Happy Science ainda está incompleto. No que se refere à pregação dos ensinamentos, continuo a me esforçar. Ensino filosofias que vão se tornar o padrão mundial. Mas são indispensáveis o empenho constante, a diligência e as atividades missionárias de muita gente para difundir os ensinamentos da Happy Science pelo mundo todo.

Difundir a Verdade é um ato de amor e uma ação para salvar outras pessoas. Eu gostaria de enfatizar que, possamos ou não abrir um futuro dourado para além do século 22 e criar um reinado de mil ou 2 mil anos, colocar o Japão no centro desse reinado depende muito das atividades da Happy Science. Se falharmos em conquistar esse alvo e experimentarmos um retrocesso nas próximas décadas, a humanidade enfrentará um futuro trágico no próximo século. Não podemos permitir que isso aconteça.

Também devemos impedir que o Japão se torne um segundo Tibete, onde os cidadãos foram exilados de seu próprio país. Para evitar tal futuro, um país como o Japão tem de dizer o que precisa ser dito, e tornar-se uma nação firme.

A religião desempenha um papel vital na formação de uma nação forte. Por contraste, um país que deprecia a religião vai se tornar cada vez mais fraco. Por exemplo, o Japão era muito forte na época da Segunda Guerra Mundial, por isso, quando a guerra terminou, os Estados Unidos castraram a religião japonesa para enfraquecer o Japão. Como resultado, ainda nos dias de hoje, a norma é que a mídia japonesa deprecie as religiões. E isso apenas enfraquece o país.

A religião é o pilar central ao redor do qual um grupo étnico se fortalece. Sem elevar o nível espiritual do povo, o país não pode ser fortalecer. Meros benefícios mundanos não bastam para incentivar as pessoas a agir.

Somente quando houver um objetivo mais elevado, que transcenda os benefícios humanos, é que as nações podem se unir e ganhar poder.

A Happy Science Lutará com Filosofias e Palavras
Não é minha intenção advogar em favor do nacionalismo. Meu único desejo é guiar o mundo na direção certa. Uma vez que a Organização das Nações Unidas não parece estar desempenhando bem o seu papel, tenho a esperança de construir templos da Happy Science no mundo todo, transmitir meus ensinamentos nesses templos e conduzir as pessoas na direção certa. Essa é a missão que a Happy Science toma para si atualmente.

A salvação do mundo depende do coração de cada indivíduo, depende de todos. Como eu disse no início deste capítulo, é vital que você se fortaleça interiormente. Não se deixe desencorajar nem intimidar por tentativas frustradas de difundir a Verdade. Você deve superar suas frustrações, livrar-se do que não serve e seguir em frente. Renove-se todos os dias. Ainda estamos longe do lugar aonde queremos chegar. A Happy Science deve tornar-se cinco, dez, muitas vezes mais forte.

O cristianismo, hoje, não tem poder para salvar o mundo. Isso deveria ser óbvio, visto que as nações cristãs estão causando vários tipos de problemas ao redor do mundo. O budismo está desaparecendo e o islamismo parece estar em via de tornar-se a próxima raiz do mal. Por isso, torna-se necessário o advento do próximo princípio espiritual que guiará o mundo.

Considerando-se tudo isso, num certo sentido o nosso movimento é uma batalha. Uma batalha de ideologias, de palavras, e, portanto, uma batalha pacífica. Não lutamos com armas. Lutamos com palavras e com nossas filosofias. Dessa forma, a Happy Science se tornará cada vez mais influente.

Capítulo 4

AS CONDIÇÕES PARA UMA NAÇÃO
RELIGIOSA

A Razão Fundamental dos Conflitos no Oriente Médio

No Mundo Espiritual, Maomé Deseja Varrer Israel da Face da Terra

Este capítulo versará sobre as condições necessárias para uma nação religiosa, um tema bastante abrangente.

Entre o final de 2008 e o Ano-Novo de 2009, Israel atacou de repente a Faixa de Gaza, uma área povoada por palestinos. Os jornais descreveram a ação como uma "agressão", e foi mesmo um ataque muito repentino. Os israelenses bombardearam a região, matando centenas de pessoas, inclusive dezenas de líderes palestinos anti-israelenses.

Num país como o Japão, onde a paz é tida como favas contadas, as pessoas viram essa notícia e ficaram imaginando por que os israelenses haviam decidido começar o Ano-Novo dessa forma. Não cabe aqui analisar o processo histórico desse conflito porque o espaço é limitado, mas a guerra entre Israel e Palestina, especialmente na Faixa de Gaza, é um confronto óbvio entre o Estado judaico de Israel e o Estado islâmico da Palestina.

Depois de ouvir a notícia do ataque, convoquei alguns Espíritos Superiores envolvidos na raiz desse conflito e pedi a opinião deles. Primeiro chamei Maomé, que estava do lado sob ataque. Não costumo falar com ele, por isso já fazia algum tempo que havíamos conversado pela última vez. Perguntei-lhe o que pensava sobre Israel ter atacado a Faixa de Gaza.

Para resumir uma longa história, Maomé deseja varrer Israel da face da Terra. Ele disse que o Estado Israel, a raiz desse conflito, deveria ser eliminado porque, enquanto existir, a guerra não terá fim. A população de Israel é de apenas alguns milhões de pessoas, e o número total de judeus não passa de 14 milhões, incluindo os que estão dispersos pelo mundo. Maomé desaprova essa guerra que nunca acaba por causa de um país tão pequeno.

Na verdade, essa guerra começou em razão de uma promessa quebrada muito tempo atrás. Há mui-

As Condições para uma Nação Religiosa

tos e muitos anos, na época do Êxodo, Moisés tirou o escravizado povo judeu do Egito. Seguindo a promessa de Deus, "Vá para a terra de Canaã, onde jorra o leite e o mel, pois lá está a Terra Prometida", Moisés deixou o Egito com 600 mil homens acompanhados de mulheres, crianças e animais, como galinhas e patos. Após décadas vagando pelo deserto, eles chegaram à terra hoje conhecida como Israel.

No entanto, já existia gente habitando as terras que seu deus havia prometido a eles. Moisés já havia morrido, mas como o deus de Israel lhes havia prometido a terra, o povo judeu decidiu estabelecer sua nação ali. Claro que houve uma guerra, mas no final o povo judeu expulsou os habitantes da terra e ergueu ali sua nação.

Algo similar ocorre hoje em Israel. Durante a Segunda Guerra Mundial, mais de 6 milhões de judeus foram mortos por Hitler. Em razão da tragédia do Holocausto, muitos acreditaram que um Estado judaico deveria ser criado. Então, depois da guerra, o movimento sionista foi apoiado principalmente pela Grã-Bretanha e pelos Estados Unidos, e a ONU aprovou uma resolução que ordenava a evacuação de terras árabes para a criação de Israel. Como resultado disso, depois de um intervalo de dois mil anos, o povo judeu finalmente recuperou a terra de Israel e fundou sua própria nação.

As Leis da Salvação

Do ponto de vista dos árabes, as terras lhes foram tomadas à força sob o comando de nações ocidentais mais fortes. E por causa da criação de Israel em 1948 muitas guerras tiveram início no Oriente Médio, e a batalha continua até hoje. Como este conflito teve origem em deuses e religiões diferentes, nenhum dos lados quer ceder o que considera seu por direito.

Maomé Está em Guerra contra o Deus da Guerra, São Miguel
Uma vez que Maomé não mostrou misericórdia em relação a Israel, eu queria saber qual havia sido a causa primeira desse conflito. Perguntei-lhe "Quem é o deus-guia de Israel, o mentor desses ataques?", e Maomé respondeu "São Miguel". Maomé explicou que São Miguel, o santo padroeiro de Israel, é quem estava liderando o conflito e havia chamado os Estados Unidos para defender Israel. Embora Miguel e Maomé estejam no mesmo nível espiritual, são inimigos entre si.

As nações islâmicas continuam a fazer ataques terroristas contra as nações cristãs, por isso perguntei a Maomé se ele estava envolvido nesses atos terroristas. Em nome da paz, costumo dizer em minhas palestras públicas que os ataques terroristas são cometidos apenas por certos grupos de extremistas islâmicos. Mas decidi perguntar a

As Condições para uma Nação Religiosa

Maomé se ele aprovava tais atos ou se estava envolvido nessas ações. E, na verdade, ele está sim envolvido nos ataques. Mas Maomé fez questão de frisar que essa guerra tem uma longa história.

Ele disse que cristãos e muçulmanos vêm guerreando há mais de mil anos, desde o tempo das Cruzadas. Hordas de cruzados cristãos atacaram Jerusalém e mataram muitos árabes. Maomé explicou que muito carma se acumulou ao longo do tempo, que esse não é um conflito que começou há um ou dois dias. Explicou também que a guerra dos muçulmanos, como grupo étnico, está longe de acabar.

O cristianismo e o islã são bastante semelhantes, pois ambos são religiões irmãs derivadas do judaísmo. No entanto, os cristãos são incapazes de aceitar o islã; é da natureza humana ser incapaz de aceitar algo que foi criado depois, que veio depois.

Em seguida, chamei Jesus e perguntei-lhe se estava lutando ao lado de São Miguel. Ele declarou firmemente que seu nível espiritual era superior ao de Maomé e Miguel, e que não tinha intenção nenhuma de guerrear. Disse que os ataques eram uma decisão exclusiva de Miguel e que nenhuma ordem havia sido dada para que se combatesse o islã. Jesus não deseja de forma alguma atacar as nações islâmicas, o que significa que os ataques do ex-presidente Bush não foram executados por ordem de Jesus. Parece que São Miguel, um deus guerreiro inferior a Jesus, tem agido em defesa de Israel.

São Miguel tenta defender Israel porque, se Israel desaparecer, os judeus perderão sua terra sagrada e sua religião poderá ser extinta. Miguel considera o judaísmo importante porque o cristianismo deriva dessa religião. Ele participa da guerra para proteger o solo sagrado judaico. Ou seja, o desentendimento entre dois Espíritos Superiores parece ser o motivo dessa guerra.

A Possibilidade do Armagedom

O Motivo do Conflito entre os Dois Espíritos Superiores

Eu queria saber mais sobre o motivo que levou dois Espíritos Superiores a entrar em guerra. Depois de algumas investigações espirituais, descobri que a razão do conflito data de antes das Cruzadas. Na verdade, esse conflito já dura mais de dois mil anos. O cristianismo destruiu o zoroastrismo e o maniqueísmo, duas religiões que foram fundadas no Irã.

Exatamente quando o budismo e o confucionismo estavam criando raízes, Zoroastro, um espírito da nona dimensão, fundou o zoroastrismo na Pérsia (atual Irã).

As Condições para uma Nação Religiosa

Embora os estudiosos das religiões digam que Zoroastro viveu em alguma época entre os séculos 20 a.C. e 6 a.C., fiz uma verificação espiritual e descobri que ele viveu durante os estágios iniciais do budismo e do confucionismo[5]. O zoroastrismo ensinava a dualidade entre o bem e o mal, e o conflito entre um Deus da Luz chamado Ahura Mazda e um Deus da Escuridão. Essa religião surgiu na Pérsia e foi exterminada pelos cristãos.

No século 3, Mani, reencarnação de Zoroastro, criou na Pérsia uma religião chamada maniqueísmo, que também ensinava a dualidade entre o bem e do mal. Embora Mani, seu fundador, tenha sido perseguido e esfolado vivo pelos seguidores do zoroastrismo, o maniqueísmo espalhou-se e tornou-se uma religião mundial.

No entanto, mesmo sendo uma religião mundial, depois de algum tempo ela foi destruída pelo cristianismo. Embora Jesus tenha sido perseguido e crucificado cerca de 200 anos antes do surgimento do maniqueísmo, o cristianismo conquistou o poder religioso no século 3, e no século 4 (no ano 392) tornou-se a religião oficial do Império Romano. A partir de então, o cristianismo passou a perseguir o maniqueísmo até eliminá-lo da face da Terra. Ou seja, o maniqueísmo também foi perseguido e

---

5. Para mais detalhes, leia *As Leis Douradas*, de Ryuho Okawa. (N. do A.)

eliminado pelo cristianismo. As filosofias do maniqueísmo, porém, impregnaram o islã.

Por isso, o mesmo espírito da nona dimensão nasceu duas vezes no Irã como duas pessoas diferentes, Zoroastro e Mani, e por duas vezes o cristianismo destruiu as religiões que ele fundou. Os cristãos eliminaram duas religiões que tiveram origem no Irã e criaram muito carma. Isso significa que a guerra entre Maomé e São Miguel tem uma história de mais de 2 mil anos.

A doutrina cristã rejeitou tudo o que não estava escrito na Bíblia. Existiu uma seita cristã, chamada gnosticismo, que ensinava verdades espirituais. Rotulado de herege pelo cristianismo, o gnosticismo foi perseguido e todos os seus seguidores foram mortos. A influência gnóstica também impregnou o islã e infiltrou-se no sufismo, uma forma de misticismo que existe dentro do islã.

Esses ensinamentos gnósticos vieram, na verdade, de Hermes, que está no mundo espiritual. Infelizmente há um limite para o que os humanos conseguem entender. Os líderes do cristianismo não conseguiram entender que esses ensinamentos eram corretos. E para manter a interpretação da igreja absoluta, rejeitaram e eliminaram todos os outros ensinamentos, considerando-os "errados" ou "falsos". E assim também o gnosticismo foi eliminado pelo cristianismo, como ocorreu com o maniqueísmo e o zoroastrismo. Tudo isso aconteceu antes das Cruzadas, portanto essa guerra tem uma longa história.

Contamos com muitos Espíritos Guias na Happy Science, mas nunca me utilizei diretamente de Zoroastro/Mani ou de Maomé. Eles parecem estar quase inteiramente dedicados a guiar o mundo islâmico. Nesse sentido, estão um tanto distantes da Happy Science. Em fevereiro de 2010, recebi mensagens espirituais de Maomé e de São Miguel diante de uma plateia. E essas mensagens foram depois publicadas no Japão num livro intitulado *A Verdade por trás dos Conflitos Mundiais*[6]. Nessas mensagens, Maomé e São Miguel expressam diretamente seus pensamentos, e esse livro deveria fornecer sugestões para resolver o conflito.

Jesus Cristo Acredita que a Happy Science Será o Terceiro Poder

A Happy Science é uma religião bastante aberta e tolerante, e muitos Espíritos Superiores apoiam o nosso movimento. Jesus Cristo é um dos espíritos que nos apoiam

---

6. Esse livro ainda não foi traduzido para o inglês nem para o português, mas você pode assistir, em japonês, aos DVDs que mostram essas mensagens em qualquer templo da Happy Science. (N. do A.)

e com frequência nos serve de guia. Por isso temos uma forte afinidade com a cultura cristã.

Quando visitei um templo da Happy Science no Japão às vésperas do Natal, por exemplo, para proferir uma palestra, havia uma grande árvore de natal decorada na entrada para me dar as boas-vindas. Lembro que entrei no templo com uma estranha sensação. A menos que ali fosse uma igreja cristã, os membros não colocariam no local uma árvore de Natal para homenagear um palestrante. Talvez eu não devesse criticar a colocação da árvore, pois permito que meus filhos armem uma árvore de Natal em nossa casa na época do Natal. Esse tipo de comportamento é aceitável, porque Jesus Cristo está profundamente ligado à condução da Happy Science.

Naquele mesmo dia, no templo, dei uma palestra intitulada "A Mente Jovem", inspirada em Ame-no-Minakanushi-no-Kami, um deus central do xintoísmo japonês. Senti que a Happy Science é uma religião realmente única, visto que eu estava dando uma palestra inspirada em um deus xintoísta, num templo decorado com uma árvore de Natal. Talvez os enfeites tradicionais do Ano-Novo japonês tivessem sido mais adequados para aquela ocasião, mas a Happy Science permite essa variedade toda.

O pensamento de Jesus Cristo tem afinidade com o pensamento da Happy Science. Cristo acredita que enquanto o cristianismo e o islamismo guerreiam entre si, os ensinamentos da Happy Science se espalharão cada vez mais e criarão raízes em todo o mundo. Ele crê que a Happy Science será o terceiro poder do mundo religioso. Quando a Happy Science emergir como o terceiro poder, como nos Três Reinos, as três religiões ficarão equilibradas em termos de poder. Mas, com o tempo, a Happy Science, uma nova religião, englobará as outras. Com isso em mente, Cristo deseja erradicar o ódio no islã e fazer com que o cristianismo tenha um relacionamento amigável com a Happy Science.

Tendo ouvido isso de Jesus, imagino o quanto será difícil unir todas as religiões.

Quando Duas Religiões Monoteístas se Enfrentam, Lutam até a Morte

O amor de Deus é tão profundo que Ele enviou vários Espíritos Guias de Luz para guiar as pessoas na Terra. Mas parece que, embora Ele tenha muito amor pelo mundo, mandou Espíritos Superiores demais e criou múltiplas religiões que terminaram entrando em conflito. Se o amor Dele não fosse tão grande, talvez esses conflitos não tivessem ocorrido. No entanto, como muitos Espíritos Guias de Luz foram enviados para vários lugares e criaram religiões diferentes, essas religiões acabaram entrando em conflito mais de uma vez.

Além disso, depois da morte do fundador da religião, os fiéis não sabem como resolver as novas questões que surgem, e continuam a seguir os ensinamentos originais. Dessa forma, as religiões mantêm suas diferenças e não conseguem se reconciliar umas com as outras.

O islã afirma, por exemplo, que a carne de porco é impura e que os muçulmanos não podem comer pratos como porco ao curry. No caso do hinduísmo, os hindus não podem comer carne bovina ao curry. Isso impede que muçulmanos e hindus vivam na mesma casa. Nesse sentido, as religiões podem ser bem complicadas. Os muçulmanos não gostam de usar frigideiras nas quais foi frita carne de porco, e os hindus vão sair correndo se ouvirem falar que um prato tem como ingrediente carne de vaca. É difícil ficar livre de práticas religiosas herdadas, seja em questões de dieta alimentar ou outras.

A religião sempre foi variada; existe até um questionamento sobre o fato de o monoteísmo ser correto. Como já mencionei, o cristianismo eliminou o maniqueísmo e o zoroastrismo. O cristianismo também já eliminou as religiões politeístas do antigo Egito, da Grécia e de Roma antigas. Acho que o estabelecimento de uma religião monoteísta e a eliminação das outras pode ter sido um ato de inovação religiosa. De certa forma, foi como fazer uma grande "limpeza no guarda-roupa" que organizou e eliminou as religiões antigas.

As Condições para uma Nação Religiosa

Quando o islamismo, uma religião monoteísta, foi fundado, 600 anos depois do cristianismo, ele quase acabou com a cristandade. E agora o cristianismo luta com unhas e dentes para evitar que o islamismo elimine a fé cristã. Essa é uma visão geral do que acontece. O islã prega que Maomé é o último e o maior dos profetas porque Maomé venceu a batalha e Cristo foi crucificado. Assim, quando duas religiões monoteístas brigam, a luta continua até que uma delas desapareça.

Em determinado momento da Idade Média, o islamismo tinha mais poder que o cristianismo. O islã obteve grandes conquistas na matemática, na ciência e na arquitetura. Mais tarde, com o surgimento e a difusão do protestantismo no mundo ocidental, o cristianismo foi revigorado e recuperou o terreno perdido.

Atualmente, porém, há indícios de que o poder dos Estados Unidos está diminuindo e que a civilização está em declínio. Sinto que a situação global, no que se refere à religião e também à guerra, vai se tornar mais complexa. As pessoas têm causado problemas ao redor do mundo pensando que os Estados Unidos não vão mais interferir. Se considerarmos o ataque de Israel a Gaza, parece que ele foi planejado para coincidir com o período de transição entre o antigo e o novo presidente americano. Embora os Estados Unidos confirmem seu apoio ao ataque israelense, nenhuma atitude decisiva pode ser tomada no período de mudança de presidente.

A Batalha Final Será entre Israel e o Irã

Levando-se em consideração esse panorama espiritual, presumo que a batalha final será entre Israel e o Irã.

Dizem que o Irã está construindo mísseis nucleares, e ainda não se sabe o que os Estados Unidos farão a esse respeito. Israel já possui armas nucleares, mas os países árabes vizinhos não. Afirmam que o Irã está desenvolvendo tais armas, mas não se sabe ainda se já estão prontas para uso. Uma vez que Israel é o único país do Oriente Médio que possui armas nucleares, tem poder para destruir os países árabes. Israel conta com o apoio americano, e dizem que o exército israelense é o segundo mais forte do mundo. Dizem que possui considerável capacidade ofensiva com armas nucleares, armas de alta tecnologia e aeronaves de último tipo. Portanto, acho que os países árabes esperam que o Irã continue a desenvolver armamento nuclear.

Antes de Saddam Hussein ser capturado e executado, ele era retratado como herói no mundo islâmico, alguém que combatia os Estados Unidos. Os países árabes ainda se sentem ameaçados, com a sensação de que, a menos que surja um herói das nações islâmicas, Israel irá dominá-los.

Também existe outra questão: saber se os Estados Unidos irão atacar o Irã para impedir o desenvolvimento de seu programa nuclear. Acredito, definitivamente, que os Estados Unidos teriam atacado se o Partido Republicano, como nos tempos de Bush, estivesse no poder. Mas o presidente Obama escolheu uma política de conciliação e diz que conduzirá conversações de paz. A presidência de Obama aumentará, e muito, a chance de o Irã desenvolver armas nucleares.

Se o Irã desenvolver armamentos nucleares, e se a guerra chegar a um confronto nuclear entre Irã e Israel, logo em seguida virá o Armagedom. A palavra "armagedom" significa, originalmente, "Monte Megido"; mais tarde, passou a designar o local da batalha final entre Deus e Satã. Atualmente, significa também "a última guerra mundial". A guerra entre Israel e Irã pode muito bem ser o Armagedom profetizado no Novo Testamento[7].

Como os cristãos já leram sobre isso diversas vezes, têm arraigada no subconsciente a ideia de que a última guerra mundial acontecerá no Oriente Médio. Ocorra isso de fato ou não, será um ponto importante na História. É esse tipo de relação delicada que existe entre Israel e Irã.

---

7. Referência ao Capítulo 16 do Livro do Apocalipse, do Novo Testamento. Também é mencionado no Antigo Testamento. (N. do A.)

Como essa é uma longa história, aqueles que têm poucos conhecimentos sobre o Oriente Médio talvez não sejam capazes de dizer qual lado tem razão. A maior preocupação dessas pessoas é saber se terão ou não gasolina. Por exemplo, o Japão ficaria em apuros se os árabes perdessem a guerra e as importações de petróleo fossem interrompidas. Como Israel não exporta petróleo, o Japão não sabe a quem apoiar. Os Estados Unidos apoiam Israel porque a maior parte do capital americano é judaico, e a mídia também está em poder dos judeus. Assim, os Estados Unidos não têm como resistir, não têm outra opção além de apoiar Israel. A menos que você tenha um bom conhecimento da situação, é difícil entender qual lado tem razão.

A Tolerância Religiosa Trará Prosperidade para as Nações

Um Milênio de Harmoniosa Mistura de Religiões

Considerando-se a atual situação mundial, o Japão tem uma vantagem na sociedade do futuro por conta de sua sólida tradição de tolerância religiosa. Por exemplo, não existem muitos cristãos no Japão, mas de certa forma o país têm um histórico de aceitação da cultura cristã em si.

Outro exemplo de tolerância é a aceitação do budismo no Japão. No século 6, quando o budismo foi

As Condições para uma Nação Religiosa

introduzido no Japão, houve uma sangrenta batalha entre os clãs Soga e Mononobe para decidir se a religião seria aceita ou não. Soga desejava acolher o budismo, e Mononobe era contrário a essa ideia por achar que os antigos deuses ficariam zangados. No meio da disputa estava o príncipe Shotoku, que incorporou o budismo à cultura japonesa.

A religião nativa de um país costuma ser destruída quando uma religião estrangeira é introduzida. No entanto, o príncipe Shotoku não só manteve o xintoísmo como o mesclou ao budismo. O xintoísmo é estilizado e tem rituais, mas não possui um texto sagrado. Então, preenchendo o vazio do xintoísmo com os ensinamentos do budismo, o príncipe Shotoku tentou transformar o Japão numa nação desenvolvida. Ele mesclou magnificamente bem duas religiões opostas e trouxe harmonia à nação.

O ideal de um "milênio", que é o mesmo conceito dos meus ensinamentos sobre o mundo da utopia, o Reino Búdico, também existe nas nações judaicas e cristãs. Um milênio é uma nação ou reino criado pelo Messias e que dura mil anos.

Até Karl Marx, autor de *O Capital* e fundador do comunismo, queria criar um milênio ao advogar a causa do comunista em obras como *O Manifesto Comunista*. Na verdade, a filosofia de Marx é uma adaptação do Antigo

Testamento. Como ele havia estudado religião a fundo, a estrutura de sua filosofia é semelhante à da religião. Marx apenas substituiu o Messias pelos líderes do Proletariado Internacional e visou criar um milênio. Mas, na verdade, a União Soviética durou menos de setenta anos, e, como a política chinesa mudará logo, também não acredito que a China venha a durar mil anos.

Embora Marx tenha falhado em dar origem a um milênio, o imperador Kammu conseguiu alcançar esse objetivo ao criar Heian-kyo (atual cidade de Kyoto), a capital do Japão no Período Heian. O imperador Kammu mudou a capital japonesa de Nara/Heijyo-kyo para Kyoto/Heian-kyo e construiu uma cidade que durou mais de mil anos. Tendo como modelo a capital da Dinastia Tang, da China, Heian-kyo foi uma cidade religiosa na bacia de Kyoto, com lindas ruas simétricas. A cidade incorporou as filosofias xintoísta, budista e até mesmo taoísta. Uma vez que as filosofias de Confúcio e Mêncio são fundadas no xintoísmo, a cidade também estava ligada ao confucionismo. E foi o imperador Kammu que almejou criar uma nova nação religiosa nessa harmoniosa mistura de religiões.

Heian-kyo, a cidade de Kyoto, durou 1.100 anos, de 794 ao período da Restauração Meiji (ou Renovação, ocorrida de 1866 a 1869), quando a capital foi transferida para Tóquio. Ou seja, o ideal de milênio foi alcançado

As Condições para uma Nação Religiosa

no Japão. Uma cidade religiosa foi fundada e floresceu como capital por mais de mil anos. A cultura da capital baseava o governo na fé, defendia a tolerância religiosa e aceitava filosofias diversas.

O Japão já foi bem-sucedido na criação de um milênio. Precisamos pensar agora como aplicar em termos globais o que foi conseguido em Kyoto.

Desejo criar um milênio com os ensinamentos da Happy Science. Ao criar uma fundação religiosa no Japão que vai durar mil anos, pretendo mostrar aos outros países que as guerras religiosas podem terminar se eles seguirem o exemplo japonês. Quero criar uma nação que respeite a religião, que incorpore os aspectos positivos de várias religiões e os harmonize. Não quero que a Happy Science termine com a minha geração. Quero que esses ensinamentos durem 2 mil ou 3 mil anos.

A Razão Espiritual que Levou o Japão à Derrota na Segunda Guerra Mundial

Acredito que o Japão de hoje seja capaz, até certo ponto, de conciliar várias religiões diferentes, mas o povo japonês não respeita suficientemente a religião. Dessa forma, temos de fazer de tudo para conquistar respeito.

O Japão perdeu seu respeito pela religião por causa da derrota sofrida na Segunda Guerra Mundial. Mais

As Leis da Salvação

que isso, o país perdeu a guerra porque desafiou o sistema de governo dominante desde os tempos do príncipe Shotoku, quando o budismo e o xintoísmo governavam o país em harmonia. A aparência podia ser xintoísta, mas o cerne era budista, e as duas religiões trabalhavam juntas para governar a nação. Mas na Restauração Meiji, no século 19, ocorreu uma revolução que transformou o xintoísmo na religião oficial do Japão. O imperador tornou-se um deus vivo e houve uma tentativa de transformar o Japão num país monoteísta por meio da supressão de outras religiões. O budismo foi perseguido, templos e estátuas budistas foram destruídos.

Acredito que a maldição atraída por tamanho desrespeito a Buda tenha levada o Japão à derrota na Segunda Guerra Mundial. Os japoneses não teriam cometido um erro tão terrível se não houvessem perdido a tolerância em relação a outras religiões. A derrota do Japão deve ser encarada como castigo divino por tentar eliminar outras religiões e tornar o país monoteísta. Foi uma repreensão causada pela atitude arrogante dos deuses japoneses. Como resultado, depois da guerra o Japão voltou a ser um Estado onde várias religiões florescem em amigável competição.

O xintoísmo ainda existe, mas retornou ao seu estado original e não é mais obrigatório. Voltou ao seu

As Condições para uma Nação Religiosa

estilo original e está novamente necessitando de ensinamentos. Creio ser missão da Happy Science, em lugar do budismo de antigamente, criar esses ensinamentos. Eu, pessoalmente, não acredito em ações violentas como abolir o sistema imperial ou mandar a família imperial para a guilhotina. Isso seria um problema, caso eles se transformassem mais tarde em espíritos vingativos, então não tenho desejo algum de enviá-los para o outro mundo. Ofereço-lhes meu respeito e acredito que é uma boa ideia manter a tradição japonesa na qual a família imperial existe como símbolo cultural.

Na verdade, as almas irmãs (vidas passadas) de três dos meus cinco filhos são aparentadas à família imperial. Então é como se, ao acolher três almas ligadas ao xintoísmo, eu esteja pagando "taxas de aluguel" por usar o Japão como terra sagrada da Happy Science. Meus filhos podem ter sido enviados a mim como caução, para que a Happy Science não traia nem destrua o xintoísmo japonês. Como meus filhos estiveram vinculados à família imperial em vidas passadas, não posso ser contra o sistema imperial ou mandar a família imperial para a guilhotina.

Ou seja, trabalharemos junto com o xintoísmo japonês, que, por existir oficialmente há 2.600 anos, merece que lhe mostremos respeito. No entanto, como o xintoísmo não tem ensinamentos, eu gostaria de preenchê-lo com os ensinamentos da Happy Science.

O Espírito Necessário nos Países Islâmicos

Escolher a Liberdade acima da Igualdade Irá Gerar Grande Felicidade

A Happy Science incorpora o cristianismo, o xintoísmo japonês e o budismo. Também podemos incluir outras religiões avançadas, como o islamismo.

Quando perguntei a Maomé qual ensinamento ele mais gostaria de propagar, a resposta foi "Igualdade". Ele disse que no monoteísmo apenas Deus é reverenciado e todos os homens são iguais perante Deus, por isso as pessoas não deveriam ser arrogantes. Seu desejo é ensinar a igualdade humana por meio do monoteísmo.

Sendo esse o caso, quando o comunismo um dia acabar, acho que o islamismo ocupará seu lugar. Creio que o islã, como religião, é digno de existir. Eu ensino a "igualdade de oportunidades", mas para poder oferecer oportunidades iguais precisam ser feitos ajustes para diminuir a lacuna entre os resultados. No geral, as pessoas desejam igualdade, e os ensinamentos do islamismo servem às vezes para o bem das pessoas.

Contudo, se for necessário escolher entre liberdade e igualdade, escolher a liberdade irá gerar maior felicidade. Esse exemplo pode parecer exagerado, mas, se a questão é de pura igualdade, você pode afirmar que os presidiários numa cadeia são iguais. Uma vez preso, você será tratado com igualdade. Irá tomar o mesmo café da manhã, comer o mesmo almoço e jantar, vestir as mesmas roupas, dormir no mesmo local e trabalhar a mesma quantidade de horas que os outros. Mas você poderá dizer que é feliz por estar sendo tratado com igualdade? Claro que não. Você seria infeliz porque foi tolhido de liberdade. Você sofreria muito mais perdendo a liberdade que a igualdade. E você se alegraria demais ao ser libertado da prisão. O preço da perda da liberdade é alto demais.

A consequência de perder a liberdade é que, mesmo que você venha a ser presidente de um país, também pode vir a ser um mendigo. De certa forma, a sociedade fica estratificada demais. Por outro lado, ter liberdade significa que a vida neste mundo é uma oportunidade para que você teste a si mesmo. Assim como você tem liberdade para abrir uma empresa, economizar dinheiro, candidatar-se à presidência e ser eleito, também é livre para abrir uma empresa, ir à falência e tornar-se um sem-teto. Embora os resultados sejam difíceis, é inegável que a liberdade é melhor que a igualdade.

Sempre haverá, claro, pessoas que perderão a competição, então é necessária a existência de uma rede de segurança. Espera-se que as pessoas ricas e o governo mostrem certo grau de cavalheirismo e ajudem os pobres. Os pobres precisam ter uma garantia mínima de saúde e acesso à cultura. No entanto, não é necessário que todos alcancem resultados iguais. Não acredito que as pessoas serão felizes se, por exemplo, todas viverem no mesmo tipo de apartamento. É muito melhor ter liberdade, mesmo que isso signifique desigualdade; algumas vivem em mansões, outras em condomínios, algumas em apartamentos, algumas em casas geminadas, outras em casas com varanda.

Atingir a igualdade perfeita é como entrar numa prisão, onde impera uma forma de totalitarismo. Portanto, se você tiver de escolher entre igualdade e liberdade, é melhor escolher a liberdade. No entanto, algumas pessoas devem compensar as menos afortunadas. Plutocratas, políticos e outras figuras eminentes deveriam ajudar os pobres. Acho que isso é o melhor.

Existem alguns países produtores de petróleo nas regiões islâmicas, mas a maioria do mundo islâmico é pobre. Há muitos países islâmicos na África, mas, no geral, a África é pobre. Nesse sentido, o islã parece ser um bom substituto para o comunismo, porque ambos tornam as pessoas igualmente pobres.

Nos ensinamentos do islamismo há um elemento de renúncia à autoajuda uma vez que, segundo os muçulmanos, "tudo acontece de acordo com a vontade de Alá". Então, é preciso introduzir um pouco mais do espírito do autoesforço. Quero dizer com isso que, em vez de culpar Deus por ser pobre, uma pessoa pode procurar estudar mais, esforçar-se mais ou tentar encontrar soluções criativas. Se você pergunta a alguém: "Vamos nos encontrar amanhã?" e a resposta for "Se Deus quiser", fazer negócios será uma tarefa impossível. Transações de negócios não podem ser realizadas a menos que as pessoas decidam encontrar-se num dia e horário específicos. Ou seja, o que precisa ser mudado deve ser mudado.

Os Ensinamentos do Supremo Deus El Cantare Irão Harmonizar as Religiões

Também questionei Maomé sobre quem ele acredita que é Alá. Os não muçulmanos tendem a achar que "Alá" é um nome próprio, mas na verdade a palavra árabe "Alá" significa simplesmente "Deus". Então perguntei a ele: "O que a palavra Alá significa? Iavé ou Jeová? É o deus do judaísmo ou do cristianismo? A quem você se refere quando diz Alá?". E ele admitiu: "Acredito que El Cantare é Alá".

Maomé respondeu "Alá é El Cantare; compreendo isso. Mas estou lutando contra Miguel, agora". Ele disse que não é fácil abandonar uma guerra que dura mais de 2 mil anos. Maomé encontra-se em guerra contra São Miguel, que está em pé de igualdade com ele. Assim, uma religião superior precisa servir de mediadora e reconciliá-los.

Além de orientação religiosa, o Japão também pode oferecer auxílio tecnológico para ajudar os países islâmicos a prosperar. E também pode ajudar os países pobres por meio do trabalho de empresas privadas ou de políticas governamentais. Podemos influenciar o islamismo e difundir os ensinamentos da Happy Science.

Enquanto evitamos que a guerra entre o islamismo e o cristianismo se transforme numa batalha final, pretendemos estabelecer gradualmente uma religião para a nova era. O espírito fundamental da nova era será o de integrar diversos valores e ao mesmo tempo ter uma fé forte, uma atitude que há muito existe no Japão.

É verdade que no mundo celestial há diversos espíritos classificados como deuses ou Espíritos Superiores, por isso é errado dizer que um único deus é verdadeiro e os outros são falsos. No entanto, também é verdade que existem várias categorias de deuses. Já ensinei que El Cantare é o Deus Supremo do planeta Terra. Embora exista uma hierarquia de deuses, é melhor para todas as religiões conviver em harmonia.

A Transformação do Japão em um Modelo de Nação Religiosa

O Respeito pela Religião Deve Ser Restaurado
Para conseguir um mundo onde diferentes religiões convivam em harmonia, é essencial que se crie no Japão um modelo ideal. Para isso, os japoneses devem restaurar o respeito pela fé e ao mesmo tempo incorporar pacificamente valores diferentes.

Agora, em especial, é importante que o Japão se transforme num país que respeita a religião. Depois, devemos comunicar nosso ponto de vista ao mundo. Acredito ser missão da Happy Science alcançar esse objetivo. Já chegamos a um bom nível de harmonização, devemos agora recuperar o respeito das pessoas pela religião.

A Constituição japonesa, ao mesmo tempo que reconhece a liberdade de crença (Artigo 20.1), declara que o Estado e seus órgãos não devem oferecer educação nem nenhuma outra atividade religiosa (Artigo 20.3). Tais disposições, porém, foram utilizadas erroneamente e espalharam a impressão de que religião é algo ruim. Isso significa que a liberdade religiosa, na verdade, não é reconhecida. O verdadeiro propósito da separação entre religião e Estado é evitar que o governo use a religião como uma ferramenta para controlar e escravizar as pessoas.

Essa separação não dever ser interpretada como uma regra para afastar a religião do domínio público, dizendo que a religião é ruim.

Quando a Happy Science ainda não estava registrada como organização religiosa, a utilização de salas públicas às vezes nos era negada porque éramos uma religião. Certo dia, reservamos um auditório público em Osaka e o gerente do local me disse que interromperia a palestra caso ela tomasse um rumo mesmo que remotamente religioso. Em toda a minha vida, eu nunca havia dado uma palestra sob esse tipo de pressão. Se o gerente achasse que a palestra era religiosa, poderia me interromper a qualquer momento. Por falar em tais condições, intencionalmente proferi uma palestra bem difícil, usando conceitos filosóficos, para que o gerente não conseguisse decifrar se minhas palavras tinham ou não cunho religioso.

A palestra daquele dia mais tarde foi publicada em *Uma Revolução de Valores Utópicos* (disponível, no momento, apenas em japonês). Minhas palavras tornaram-se abstratas, ideológicas e difíceis de entender. No fim das contas, foram os nossos seguidores que suportaram o peso de uma palestra tão difícil. Até os membros da Happy Science consideraram minhas palavras de difícil compreensão e, mesmo depois de ouvi-la várias vezes, continuavam a não compreender certos trechos. Falei de forma difícil de propósito, mas apesar de meus esforços o gerente concluiu que a palestra era religiosa. Desde então, não pudemos mais usar aquele auditório público.

De certa forma, muita gente tem preconceito contra religião e impede que grupos religiosos usem espaços públicos. Mesmo na mídia, há uma tendência jamais mencionada de sempre fazer denúncias contra religiões. Às vezes, a TV japonesa veicula comerciais dos meus livros, mas isso é raro, porque a mídia partilha da opinião de que livros religiosos não deveriam ser anunciados.

Anúncios dos meus livros também aparecem regularmente nos jornais japoneses, e hoje as pessoas até consideram isso normal. Mas somos uma das poucas organizações religiosas que têm permissão para anunciar nos jornais. Apenas as religiões aprovadas depois de passarem por um processo de investigação podem publicar anúncios. Por exemplo, havia uma religião cujo fundador foi preso, e durante alguns anos que antecederam sua prisão os anúncios dessa religião deixaram de aparecer nos jornais. As empresas jornalísticas investigam as religiões com antecedência, para que as que estejam envolvidas em atividades criminosas não possam publicar anúncios.

Existem mais de 180 mil organizações religiosas no Japão, mas muito poucas podem publicar anúncios, e somos uma delas. Acredito que somos hoje grandes anunciantes em termos de volume, o que demonstra o quanto confiam em nós. Mais que isso, no passado, quando um jornal imprimia um anúncio de página inteira da Happy Science, o retorno dos leitores era tão volumoso que os jornais não conseguiam lidar com a situação, e eles acabaram limitando o tamanho de nossos anúncios a um quarto de página.

Hoje podemos anunciar em jornais, apresentar programas de rádio e veicular comerciais na TV. A mídia reconheceu que a Happy Science tem algo de bom e a diferenciou de outras religiões.

Criar uma Nação Religiosa e uma Era de Ouro
Mais uma vez, devemos criar uma nação religiosa e atualizar a nossa ideia de milênio. Gostaria de dizer aos outros países que sigam o exemplo do Japão e ensinar-lhes que é tolice guerrear em nome da religião. Quero mostrar que as guerras acontecem porque lhes falta espírito de reconciliação e cooperação. Talvez os países não tenham empatia e consideração uns pelos outros.

Não é bom se preocupar demais com diferenças. É ridículo começar uma guerra porque você odeia carne de vaca e o outro odeia carne de porco. Seja vaca ou porco, as pessoas matam os animais. Tanto vacas quanto porcos são mortos caso nasçam no lugar errado. Uma vaca está a salvo se nascer na Índia, mas não se nascer num país islâmico. A vaca talvez tenha azar, mas isso não deve motivar uma guerra.

Então, primeiro criemos um modelo. Vamos estabelecer o modelo do milênio no Japão. Criaremos uma esplêndida nação religiosa que existirá por mil anos. Precisamos oferecer um exemplo prático para o mundo, que sirva de modelo e encoraje os outros a nos seguirem para alcançar a felicidade.

Além disso, a Happy Science não renega a tecnologia. Quem visita o Japão proveniente de um país em desenvolvimento considera o Japão um país de sonho. A seus olhos, o Japão é a sociedade do futuro.

Embora os japoneses vivam nessa sociedade futurista, preocupam-se demais e chamam a atual crise econômica de "recessão mundial simultânea" ou "depressão mundial". Pessoas de países em desenvolvimento ficam surpresas ao ouvir isso porque o Japão transborda bens de consumo e as lojas estão cheias de clientes o ano inteiro. Mas os japoneses estão apenas dizendo que a economia vai mal em comparação ao passado recente. Às vezes as pessoas precisam sorrir e suportar a carga, e aprender a se contentar com o que têm. Existem outros países muito mais pobres.

Neste mundo, ainda há países onde as pessoas caminham com medo de pisar em minas terrestres. Há países que não têm água potável. Muita gente ficaria feliz em ter água limpa para beber ou poder caminhar sem ter medo de pisar numa mina e explodir, nada mais que isso. Comparada a esse tipo de felicidade, a preocupação em perder dinheiro no mercado de investimentos é assunto de uma sociedade futurista. Por isso, é importante não se sentir infeliz demais.

O Japão é um país maravilhoso. Podemos fazer esforços contínuos para que seja um país melhor ainda. O Japão encontra-se hoje em recessão, mas acredito, definitivamente, que superaremos esse momento. O futuro é brilhante, e a Happy Science pode sem dúvida criar uma Era de Ouro. Vamos trabalhar juntos para atingir essa meta.

Capítulo 5

FÉ E A SOCIEDADE
FUTURA

A Revolução Espiritual Está Progredindo no Japão

A Confiança na Happy Science Pode Ser Vista em Anúncios

Em 2010, publiquei mais de quarenta livros de mensagens espirituais, que são mensagens transmitidas por espíritos que vivem no mundo espiritual ou por espíritos guardiões de pessoas que ainda vivem neste mundo. Posso invocar qualquer espírito até mim e fazê-lo falar por meio de minha boca.

Em parte para provar a existência do mundo espiritual, muitas dessas mensagens espirituais foram transmitidas diante de uma plateia no templo matriz da Happy Science. Recebi as mensagens em sessões, no formato de "perguntas e respostas", onde as pessoas entrevistavam os espíritos. Filmes que mostram as mensagens sendo transmitidas já foram lançados e podem ser vistos em templos da Happy Science. As mensagens também foram transcritas e publicadas em livros.

No início de fevereiro de 2010, as mensagens espirituais de Konosuke Matsushita, fundador da Panasonic, e Ryoma Sakamoto, samurai do período da Restauração Meiji, foram publicadas quase simultaneamente (*Konosuke Matsushita Repreende o Japão* e *Ryoma Desce* só estão disponíveis atualmente em japonês). Esses dois livros tiveram anúncios largamente publicados nos cinco maiores jornais japoneses, e também em importantes jornais locais. Por exemplo, no domingo 7 de fevereiro de 2010, anúncios desses livros saíram na página 4 do *Asahi News* e na página 2 do *Sankei News*. O anúncio dizia: "Dois espíritos ressurgiram para salvar um Japão em dificuldades". Esse anúncio também saiu na página 3 do *Nishi Nippon News*, com distribuição em toda a ilha Kyushu, no sudoeste do Japão.

É muito difícil que grandes empresas jornalísticas japonesas publiquem anúncios de um quarto de página sobre mensagens espirituais nas primeiras páginas de um jornal. Vou usar como exemplo o *Asahi News*. Vinte anos atrás, quando fundamos a Happy Science, o *Asahi News* não publicava anúncios sobre mensagens espirituais. Mesmo hoje, o jornal não publica anúncios de outros grupos religiosos. O fato de esses jornais publicarem anúncios tão grandes sobre mensagens espirituais significa oferecer à Happy Science certo grau de confiança.

Como já mencionei, o fato de os anúncios saírem nas primeiras páginas de alguns grandes jornais japoneses mostra que essas empresas reconhecem que vale a pena falar das mensagens espirituais, que elas precisam ser anunciadas. Mais que isso, os anúncios foram publicados no domingo. Talvez você não entenda o que isso significa porque ninguém fala ou escreve sobre esse assunto. No entanto, aos domingos, a maioria das pessoas lê o jornal em casa e há uma chance maior de que leiam os anúncios da seção de livros e comprem os livros anunciados. Os anúncios de domingo são muito mais efetivos do que aqueles publicados durante a semana. Ou seja, o fato de nossos anúncios serem publicados aos domingos mostra a confiança depositada pelos jornais japoneses na Happy Science.

No Japão, o preço de um anúncio depende do seu tamanho, não da página em que é publicado. Quando o jornal não confia no conteúdo de um anúncio, o normal é colocá-lo nas últimas páginas, onde poucas pessoas irão vê-lo. E assim, o jornal pode ganhar o mesmo dinheiro e evitar assumir qualquer responsabilidade pelo anúncio. Os nossos anúncios, porém, saem nas páginas 2, 3 e 4, vistas pela maioria dos leitores.

Segundo pesquisas públicas, metade da população japonesa não acredita no outro mundo. Posso supor, então, que dentre os leitores existem não crentes que escrevem aos jornais reclamando dos anúncios sobre mensagens espirituais. Essas reclamações são levadas em consideração pelos executivos, que mesmo assim decidem continuar publicando os anúncios. Ou seja, as empresas reconhecem a necessidade e a importância desses anúncios. Isso significa que a sociedade japonesa está passando por uma revolução espiritual neste exato momento.

A Publicação de Mensagens Espirituais Põe a Confiabilidade à Prova

Tudo o que costumava ser comumente conhecido e aceito na sociedade japonesa do pós-guerra irá ruir. Os que não acreditam no outro mundo ou em espíritos encontrarão dificuldade em acreditar que o espírito de Ryoma Sakamoto, que morreu há mais de um século, veio ao Japão moderno por meio de Ryuho Okawa para criticar a política atual em palavras que foram publicadas em um livro. Encontrarão dificuldade ainda maior para acreditar que estamos anunciando esse livro e tentando conseguir que muitas pessoas o leiam.

Contudo, como já comentei, eu consegui publicar e anunciar tanto *Ryoma Desce* quanto *Konosuke Matsushita Repreende o Japão*. Konosuke Matsushita é famoso por ter sido um "gênio da administração". Seu nome é conhecido não só no Japão, mas no mundo todo. Na Harvard Business School há um curso voltado para os métodos de liderança e gerenciamento de Matsushita.

Se um homem como ele estivesse vivo hoje, observando a atual situação do Japão no que diz respeito à política, à economia e ao comportamento empresarial, que tipo de conselho daria? Muitas pessoas certamente gostariam de saber sua opinião. E foi o que fizemos por meio dessas mensagens espirituais. O espírito de Konosuke Matsushita falou em frente a uma plateia, respondendo a perguntas feitas pelas pessoas presentes, e suas respostas foram gravadas em vídeo. Já lançamos DVDs dessas sessões para o público. Fizemos isso para provar a existência do mundo espiritual.

Em 2010, a Happy Science lançou *The Laws of Creation* (*As Leis da Criação*), mais um volume da série *Leis*. Esse livro contém o poder secreto de fazer surgir novas empresas, criar novos empregos e abrir as portas para um futuro brilhante. Depois do lançamento dessa obra, publicamos as mensagens espirituais de Konosuke Matsushita e Ryoma Sakamoto.

Ao oferecer as opiniões de Ryoma Sakamoto, líder revolucionário da Restauração Meiji, sobre a política japonesa, expressamos nossa intenção de executar uma reforma fundamental e recriar a política japonesa. Ao invocar Konosuke Matsushita, buscamos obter conselho dos Céus sobre assuntos importantes relativos à economia japonesa em declínio e às dificuldades dos executivos de negócios.

Publicar mensagens espirituais é um "tudo ou nada" para a Happy Science, e para mim é uma luta séria. De modo geral, 90% das mensagens espirituais são falsas, costumam ser inventadas. É raro receber mensagens verdadeiras. Mas eu proclamei para a sociedade que as nossas mensagens espirituais são verdadeiras e, ao divulgá-las, coloquei à prova a minha confiabilidade e a da Happy Science.

Entrei nessa batalha mesmo sabendo que é perigosa, porque desejo verdadeiramente salvar as pessoas que estão perdidas e em sofrimento. Minha decisão baseou-se na minha apaixonada determinação de salvar as pessoas do caos, da desordem política e econômica.

Minha Coragem Vem da Confiança de Saber que "A Verdade É a Verdade"

Do fundo do coração, desejamos ser homens e mulheres corajosos. Por isso, em 2009 nos empenhamos em várias atividades baseadas no livro *The Laws of Courage (As Leis da Coragem)*. Depois, em 2010, concentramos nossas atividades na obra *The Laws of Creation (As Leis da Criação)*. Declarei com veemência que recriaríamos fundamentalmente o estado do Japão e o estado da economia, da política e das relações exteriores globais. Essa declaração só pôde ser feita com muita coragem. E de onde veio essa coragem? De minha convicção na Verdade, de minha confiança em saber que a verdade é a verdade. É daí que vem minha coragem.

Experimentei meu "Grande Despertar" em março de 1981. Quase trinta anos se passaram desde que comecei a receber revelações de vários Espíritos Superiores do mundo celestial e me tornei iluminado. Durante esse período, proferi milhares de palestras. Além disso, mais de seiscentos dos meus livros foram publicados no Japão e em outros países (até dezembro de 2011 cheguei a oitocentos títulos). Lançamos numerosos CDs, DVDs e vídeos. Já utilizei o rádio e outros meios de comunicação para apresentar meus pensamentos ao mundo. Estou seguindo minha missão há quase trinta anos.

Dentre a quantidade enorme de grupos religiosos existentes no Japão, conquistamos a confiança de certa parte do público no conteúdo de nossa religião, inclusive das mensagens espirituais. Nesse período, nos esforçamos bastante e nos devotamos muito ao nosso movimento.

Não decidimos divulgar as mensagens espirituais de maneira impulsiva. Revelá-las ao público não é fácil. Antes de lançar esses livros, tivemos de conquistar a confiança das pessoas com suor, sabedoria e o efeito cumulativo de nossa perseverança e de nossos diligentes esforços. Espalhamos a Verdade para as multidões sem considerar ganhos ou perdas mundanas para nós mesmos.

Embora as pessoas de outros países talvez se surpreendam com isso, desconfiar da religião é uma atitude comum no Japão. Desde que o país foi derrotado na Segunda Guerra Mundial, as pessoas perderam a fé na religião. Antes da guerra, a religião era a espinha dorsal do país, e as pessoas acreditavam que ela e os deuses japoneses protegiam o Japão. Apesar dessa crença, o Japão perdeu a guerra e as pessoas perderam a fé.

Afirmo que essa é uma atitude errada. As pessoas não deveriam perder a fé por causa de uma única experiência. A fé do pré-guerra, a fé derrotada, era apenas uma fé étnica centrada no Japão. A fé que prego agora, embora originada no Japão, transcende o país e abrange o mundo inteiro. Prego com um ardente desejo de difundir a Verdade a todas as pessoas do mundo.

Costumo até mesmo invocar espíritos de personalidades ilustres que viveram em outros países para ouvir a opinião deles. Algumas pessoas podem ter dificuldade em acreditar que posso me comunicar com tantos espíritos diferentes. Mas posso fazer isso porque desejo conduzir as pessoas deste mundo para o caminho da salvação, o verdadeiro caminho do Céu.

As Sementes do Futuro Podem Ser Encontradas em Minhas Palavras

Desenvolva uma Visão Correta da Vida e Descubra o Seu Verdadeiro "Eu"

Desejo que todas as pessoas desenvolvam uma visão correta da vida e que vivam de acordo com isso. Fazendo isso, você pode deixar esta vida sem arrependimentos.

"Você irá para o mundo espiritual depois de morrer." "Seu verdadeiro 'eu' não é o corpo físico, mas o ser espiritual que o habita." "Sua alma, ou, em outras palavras, sua mente, é a sua verdadeira essência." Diante desses fatos, procure avaliar como você vive atualmente. Fazendo isso pelo resto de sua vida, você não irá se afastar do caminho do Céu. É essa a mensagem que quero transmitir a você.

Com base na perspectiva espiritual, procure refletir sobre sua vida até o momento. Se perceber que nas últimas décadas ela foi cheia de erros, hoje é o dia de se arrepender e tomar o caminho correto. Esta é a sua chance. Antes que seja tarde demais, desperte para a Verdade, viva uma vida de Verdade.

Diversos milagres foram relatados à Happy Science. Hoje, muitos seguidores da Happy Science ao redor do mundo estão curados de doenças graves, e esses milagres continuarão a acontecer no futuro. Isso ocorre porque, quando você desperta para o Mundo Real, percebe que estava vivendo apenas temporariamente no mundo físico e que o seu corpo físico não é o seu verdadeiro "eu". Quando você se der conta de que a sua alma é a mestra da sua vida, é quem controla a sua vida, milagres acontecerão.

Quando compreender que o seu corpo físico é uma falsa identidade e descobrir o seu verdadeiro "eu", o ambiente à sua volta começará a mudar. Você só sofre agora porque acredita que o seu corpo físico é o seu verdadeiro "eu". Por isso, descarte sua falsa identidade e agarre o seu verdadeiro "eu". Para agarrá-lo, é absolutamente indispensável aprender a Verdade de Deus/Buda.

A Happy Science Luta com Palavras

Neste mundo, nem uma migalha da Verdade é ensinada nas escolas. Mesmo depois de adulto, trabalhando numa empresa, ninguém ouve uma palavra sobre a verdade da vida. Mesmo que você leia jornal, não encontrará uma única linha escrita sobre a Verdade. Consequentemente, pode ser difícil culpar alguém por não conhecer a Verdade, pois todos vivem nesse tipo de ambiente há algumas décadas. Contudo, o que é errado é errado, e o que é certo é certo. Ninguém pode negar ou mudar a Verdade.

Assim, a Happy Science e eu devemos estabelecer a Verdade e divulgá-la para o mundo todo. É nossa missão sagrada pregar a Verdade não só no Japão, mas no mundo inteiro.

Essa é uma missão bastante difícil porque nossos ensinamentos são sobre um mundo invisível. Para provar a existência desse mundo, contamos apenas com recursos modestos como publicar livros, lançar CDs e dar palestras. Mas a Happy Science está lutando com *palavras* contra a escuridão espiritual, um mundo sem luz. Essa escuridão espiritual iguala-se à ignorância sobre a Verdade. Agora, há quase trinta anos continuamos a usar nossas palavras para combater a escuridão, que é profunda. O oceano de ignorância é abissal. Mas devemos alterar essa situação em sua própria base.

A Verdadeira Essência do Budismo e do Cristianismo Pode Ser Captada na Happy Science

Mesmo aqueles que acreditam no mundo espiritual e em espíritos, respeitando a religião e a fé, precisam aprender a Verdade, porque provavelmente não a estudaram com propriedade. Por exemplo, embora os ensinamentos do Buda Shakyamuni tenham sido transmitidos há mais de 2.500 anos na forma de sutras, da perspectiva de meu olhar iluminado, apenas uma pequena parte da Verdade permanece nos sutras. Além disso, a maioria dos templos budistas não vai além da forma e apenas conduz cerimônias. Os monges budistas no Japão, em particular, conduzem cerimônias lendo sutras em chinês, com pronúncia japonesa, e a maioria das pessoas não entende o que é dito. Muitos desses monges budistas nem mesmo acreditam na alma ou no outro mundo.

A situação é a mesma no que se refere ao cristianismo. No mundo cristão, o relógio parou de funcionar 2 mil anos atrás. Os cristãos de hoje dizem "Milagres só aconteciam 2 mil anos atrás, no tempo de Jesus Cristo. Naquela época, o Pai Celestial e os antigos profetas falavam com Jesus. Só Ele e seus discípulos eram capazes de curar os doentes. Esses eventos foram registrados na Bíblia, mas tudo isso ocorreu há 2 mil anos. Não sei exatamente o que aconteceu depois". Desse modo, os milagres hoje não são mais comuns na Igreja. Tudo o que os ministros da fé podem fazer é ensinar a sua interpretação da Bíblia, que foi criada pela Igreja.

Isso pode parecer surpreendente, mas, se você estudar na Happy Science, poderá compreender melhor a essência do cristianismo. Da mesma forma, você pode aprender a essência do budismo lendo meus livros, porque eles descrevem o cerne do budismo em palavras modernas.

Os ensinamentos do passado são ensinamentos do passado. A vida há 2.000 ou 2.500 anos era diferente da atual. Embora o fato de os seres humanos serem essencialmente almas que vivem temporariamente neste mundo não tenha mudado, as instituições sociais e os estilos de vida passaram por tremendas mudanças. O que Buda diria sobre a era atual? O que diria Jesus? A menos que você queira de fato conhecer a resposta a essas perguntas, está longe de poder dizer que é um verdadeiro seguidor do budismo ou do cristianismo.

Esta Era Precisa de Ensinamentos no Nível Global
Não recebemos mensagens espirituais apenas dos espíritos daqueles que viveram em tempos recentes, como Ryoma Sakamoto e Konosuke Matsushita. Espíritos que habitaram a Terra há 2 ou 3 mil anos também ensinam

a Verdade por meio de mensagens espirituais. No entanto, quando viviam na Terra, essas pessoas eram incapazes de pensar em uma escala global. As religiões do passado foram criadas numa época em que não existia a ideia de "planeta Terra" e de uma identidade comum como "somos todos seres humanos que vivem na Terra".

Dizem que Ryoma Sakamoto foi o primeiro a reconhecer a noção de "Japão" e "povo japonês". Estamos hoje numa época em que as pessoas reconhecem "a Terra" e "os povos da Terra". Então, a era moderna precisa de uma religião que possa ensinar às pessoas o jeito correto de viver como seres humanos que coabitam o planeta.

Como Buda Shakyamuni entenderia a era moderna, e o que julgaria estar certo ou errado? Como Jesus Cristo distinguiria o bem do mal e, nesta sociedade moderna, por que caminho nos conduziria? Os seguidores do budismo e do cristianismo certamente gostariam de saber as respostas.

O que estou procurando fazer atualmente ultrapassa o que Jesus e Buda fizeram em seu tempo. Devo pensar na escala global e ensinar às pessoas a forma ideal que a sociedade do futuro deve tomar. Minhas palavras contêm as sementes do futuro. O futuro da humanidade pode ser encontrado em meus ensinamentos, porque o futuro será construído sobre as minhas palavras.

Existem cerca de 7 bilhões de pessoas vivendo na Terra hoje, e a população total se encaminha para os 10 bilhões. Se Deus ou Buda existisse, haveria outro momento melhor do que este para Ele pregar a nova Verdade para a humanidade? Não há tempo melhor que agora. Agora é a hora. Este é o começo de uma nova era.

A Happy Science cresce no mundo todo, mas ainda estamos longe de alcançar o número de 7 bilhões de seguidores. É por isso que precisamos construir templos em muitos lugares e formar missionários que espalhem a Verdade pelo mundo.

Hoje, o mundo está dividido entre muitas fés, como o cristianismo, o budismo e o islamismo. Essas religiões se desenvolvem individualmente como religiões de vários grupos étnicos. Mas os meus ensinamentos, desde o início, procuram incorporar todas as crenças. A Happy Science é uma fé abrangente.

Não é minha intenção ser preconceituoso em relação a nenhuma religião, nem ao xintoísmo japonês. Eu até já publiquei mensagens de Ame-no-Minakanushi-no-Kami e Amaterasu-O-Mikami, deidades centrais do xintoísmo. O xintoísmo japonês é uma religião fundada por nossos irmãos de luz, que nasceram no Japão e espalharam ensinamentos apropriados para o povo japonês e seu temperamento. Baseado nesses ensinamentos, o xintoísmo cresceu nesta ilha-nação por quase 3 mil anos. Como os meios de transporte não se desenvolveram nesse período, o Japão tinha pouco contato com outras nações. Por isso, os ensinamentos xintoístas não se espalharam globalmente, e também nenhuma religião estrangeira difundiu-se largamente no Japão. Foi dessa maneira que o xintoísmo japonês permaneceu como é.

Mas, agora, existe telefone, fax e e-mail. Aviões de passageiros lotam o céu. Chegou o momento em que os ensinamentos básicos, que se tornarão o novo padrão mundial, devem ser transmitidos. Acredito que os ensinamentos da Happy Science são os mais adequados para esse papel.

O Futuro da Ciência Pode Ser Encontrado no Mundo da Fé

O Significado do Nome Happy Science

Alguns anos atrás, mudei o nome de nossa organização de The Institute for Research in Human Happiness (O Instituto de Pesquisa da Felicidade Humana) para Happy Science (Ciência da Felicidade), mais simples. Escolhi esse nome porque as pessoas do mundo todo poderão reconhecer com facilidade o nosso propósito e as nossas atividades. É nosso objetivo explorar as medidas, os métodos e as teorias que tornarão os humanos verdadeiramente felizes.

Além disso, nós não renegamos a ciência. Não negamos, rejeitamos nem discriminamos a ciência e a medicina. A Verdade de Deus ou a Verdade de Buda também é encontrada na ciência, e a Happy Science ensina que a ciência contém princípios que trazem felicidade para a humanidade. Mas você deve saber que, não importa que doenças os médicos sejam capazes de curar nem o número de intelectuais ativos no campo da medicina, nada prova que o mundo espiritual não existe. Isso é algo que merece ser salientado.

Desde os tempos de Galileu e Copérnico, a religião tem sido tratada como algo que se opusesse à ciência. As pessoas também passaram a pensar que ignorar a religião e dedicar-se mais à ciência é sinal de progresso ou modernidade. No entanto, atrevi-me a dar a esta religião o nome Ciência da Felicidade – porque a Ciência da Felicidade representa a ciência do futuro.

O Poder de Deus, ou o Poder de Buda, Cria Todos os Planetas e Seres Vivos

O futuro da ciência baseia-se na fé. Somente quando despertar para a fé você poderá descobrir e explorar o mundo espiritual e os seres espirituais. Então, com base nessa fé, a verdadeira forma do universo será revelada diante dos nossos olhos.

Até a ciência mais atualizada, hoje, falha ao oferecer explicações sobre a relação entre a alma e a matéria, ou entre o espiritual e o material, que desde o tempo de Descartes costumam ser vistos como coisas completamente separadas. Por que a energia é transformada em matéria? Por que a matéria é transformada em energia? Todos conhecemos o famoso teorema de Einstein, $E = mc^2$ (energia é igual à massa multiplicada pelo quadrado da velocidade da luz), mas por que isso é assim?

As bombas atômica e de hidrogênio foram criadas com base nessa fórmula. Uma pitada de plutônio, uma quantidade tão pequena quanto a ponta de uma unha, é capaz de destruir instantaneamente cidades inteiras e matar 100 mil seres humanos. A teoria de que a matéria poderia ser transformada em energia foi prevista por Einstein e comprovada pela bomba atômica.

O inverso também é verdade. Enormes quantidades de energia podem ser transformadas em matéria física. Isso acontece porque ambas são ligadas por um sinal "de igual". Enormes quantidades de energia podem ser transformadas em matéria e assumir forma física. Foi assim que a Terra, o Sol, as estrelas, os seres humanos, as plantas e os animais passaram a existir.

Tudo o que existe neste mundo tridimensional é feito de energia. A raiz dessa energia é o poder de Deus, a vontade de Buda. É o desejo de Buda que cada forma de vida neste universo se desenvolva e prospere. Seus pensamentos criaram o planeta e as criaturas vivas, e as mantêm vivas.

Eu disse que o futuro da ciência será encontrado no mundo da fé. Ao integrar religião e ciência, a Happy Science iluminará o caminho para a sociedade do futuro. Esta é a nossa missão: difundir nossos ensinamentos não só no Japão, mas no mundo todo. Vamos trabalhar todos juntos para conseguir isso.

Capítulo 6

PREVISÃO

---　✳　---

A Sociedade Futura Deverá Ser Construída sobre Minhas Palavras

O tema deste capítulo é "Previsão".
Soa um pouquinho diferente
Porque não significa exatamente
"Os fatos do futuro"
Ou "presságios para o futuro".
Significa "nossa vontade" ou "minha vontade",
"O que quero fazer"
Ou "o que quero realizar neste mundo
No futuro próximo".
Esse é o significado de "previsão".
Por isso é um pouco diferente.

Agora, me atrevo a dizer a vocês
Que a sociedade do futuro deve ser erguida
Com base em minhas palavras.
Atrevo-me a falar sobre isso,
Repetidamente,
Que o importante são as minhas palavras.
Minhas palavras são o mais importante,
São vitais, fatos fundamentais para o futuro.

Um mundo futuro não significa
Uma imagem cheia de edifícios,
Uma cidade, uma metrópole, um país ou universo.
Um mundo futuro significa
E contém o significado verdadeiro
De como vocês, enquanto seres humanos,
Deveriam viver naquele momento,
Naquela idade, naquele mundo, como sociedade.

Controlem Sua Vida e a Façam Evoluir

Seus Pensamentos Farão Vocês e Seus Países Evoluírem

Nesse contexto,
Só questiono o pensamento de vocês.
Tudo depende do pensamento de vocês.

Previsão

O pensamento de vocês, o pensamento em si mesmos,
Faz vocês e a sociedade evoluírem,
Os seus próprios países,
E as suas próprias nações no futuro.

Aqui, então, quero dizer a vocês
Que o ponto de partida
É construir e manter um pensamento verdadeiro.

Os seus pensamentos são o que vocês são.
São a sua própria aparência real.
Vocês são aquilo que pensam.
Vocês são aquilo que pensam
O dia inteiro.
Assim, se vocês querem conhecer
Os seus pensamentos
E responder à pergunta
"O que são meus pensamentos?",
Por favor, olhem para dentro de si mesmos
E examinem o que estavam pensando,
E o que estiveram pensando
Nesses dias, nas últimas décadas.

Entendem o que quero dizer?
Quero ternamente dizer a vocês:

As Leis da Salvação

Agora é o dia,
Agora é a hora,
Em que vocês devem imaginar que a mente de vocês
É a parte principal,
Um tipo de realidade.
A mente de vocês é realidade.
Não é algum tipo de ilusão,
Imaginação ou sonho.
É realidade.
Aquilo que vocês estão pensando
É a sua realidade.
São vocês;
Seus pensamentos são vocês.

Vocês compreendem o que quero dizer?
Vocês não são corpos.
Não são compostos de algo sólido,
Algum tipo de material.
O verdadeiro eu de vocês é feito
De *algo* invisível.
Vocês são feitos
De algum tipo de substância invisível.
Num certo sentido, em alguns momentos,
Esse algo é chamado de alma, mente ou vontade.
A vontade de vocês é que define

O objetivo, o destino e o futuro de vocês.
Então, se vocês querem projetar seu próprio futuro,
Ou o destino da sociedade em que vivem,
Vocês precisam determinar
Quais serão seus pensamentos,
Que imagem vão ter em mente.

Vocês São Parte do Todo-Poderoso

Então, não quero apenas prognosticar o futuro.
O futuro está em nossas mãos.
Podemos trazê-lo até nós.
Podemos fazer isso.
Criaremos o nosso futuro.

No ano de 2010,
Publiquei *The Laws of Creation (As Leis da Criação)*.
As Leis da Criação significam a Vontade de Deus.
Deus cria tudo,
De modo que as leis da criação significam que,
Se vocês entenderem
E apreciarem o conteúdo desse livro,
Vocês mesmos podem ser uma parte de Deus
E uma parte de uma existência onisciente e onipotente.
Isso é um ser humano.
Isso é humanidade.

As Leis da Salvação

Vocês podem ser oniscientes e onipotentes
Sob as leis da criação.

Portanto, não dependam de outras pessoas,
Do seu governo, das nações
Ou opiniões de videntes do futuro.
Vocês precisam, por si sós, ser administradores,
Administradores da própria vida
E da vida da humanidade.

Primeiramente, ouso dizer a vocês
Que vocês mesmos,
Cada um, cada um de vocês
É uma parte de Deus, em termos ocidentais,
E uma parte de Buda, em termos orientais.
Refiro-me ao fato de vocês serem uma parte
Do sobrenatural, do todo-poderoso
E do eterno ser.

Se vocês acreditam mesmo em mim,
Por favor, escutem-me com atenção.
Vou ensinar-lhes o caminho do Céu,
O caminho até Deus,
O caminho até Buda.
Vocês têm de encontrar esse caminho

Previsão

Por si mesmos.
Já lhes foram dadas
Muitas habilidades,
Além das que vocês pensam que têm.
A coisa mais surpreendente
É que vocês podem ser criadores,
E de certa forma assumir
O papel de criadores.
Vocês podem criar a si mesmos.
Vocês podem criar a sua própria sociedade
Vocês podem criar uma era,
E podem criar o futuro da Terra.

Combatam uma Previsão Ruim com a Iluminação

Portanto, não tenham medo de um futuro fatal;
Refiro-me a um futuro terrível.
Os cientistas às vezes predizem
Que um futuro negro aguarda a humanidade
E dizem que estamos à beira da destruição.
Algumas pessoas dizem que
O fim do mundo será em 2012.
Mas eu nego de forma veemente essa previsão.
Nós podemos fazer o nosso futuro.
Por favor, creiam em minhas palavras.

Por favor, acreditem em mim
E, por favor, sigam-me.
Somos poderosos.
Podemos criar.
Temos poderes criativos.
Podemos criar o nosso futuro.
Podemos criar a próxima era.
Podemos criar a política.
Podemos criar a economia.
Podemos criar a filosofia.
Podemos criar as leis.
Podemos criar as sociedades.
Podemos criar o modelo de nossa família
E a sociedade futura.

Então eu peço a vocês, por favor,
Lutem contra maus espíritos
E lutem contra toda previsão ruim do futuro.
Vocês podem usar a iluminação como arma.
Vocês perguntarão:
"A que tipo de iluminação o senhor se refere?".
Claro que a iluminação é,
Nesse contexto,
Vocês conseguirem ser administradores de si mesmos,
Administradores de sua própria vida,

Vocês podem criar própria vida,
E controlar e fazer sua vida.
Esta é uma previsão.
Esta é uma previsão do seu destino.

Misericórdia É a Palavra-chave para o Futuro

Misericórdia É a Tendência de Dar Algo Bom aos Outros

O destino pode ser criado com sua própria capacidade,
Com seus próprios esforços.
Apenas mantenham sua mente em paz
E acalmem a mente.
Amem a paz,
E amem as pessoas pacíficas.
Amem aqueles que estão aptos a amar o próximo,
Amem aqueles que estão inclinados a amar o próximo.
É esse tipo de pessoa que vocês devem amar
E elas vão amar vocês.

Se vocês têm amor inesgotável,
Que vem do fundo de seu coração,
Isso se chama misericórdia.
Peço que vocês sejam homens e mulheres misericordiosos.

Nesse contexto, misericórdia significa
A tendência de dar algo bom aos outros,
Tendência criada por seus esforços cumulativos.
A misericórdia não pode ser provida pela natureza.
A misericórdia é um estilo diferente de iluminação.
A misericórdia é um efeito da iluminação.
A misericórdia é o que a iluminação produz,
O que o amor produz,
É o que a natureza de Buda
faz vocês produzirem, e traz até vocês.

Misericórdia É o Objetivo a Ser Explorado por Todos os Humanos

Vocês precisam escutar minhas palavras.
A misericórdia é a chave da sociedade futura.
A misericórdia é o rumo da humanidade.
A misericórdia é o objetivo a ser explorado por todos os seres humanos.
A misericórdia é a meta das pessoas terrenas
E das vidas terrenas, inclusive dos animais.
Todos os seres vivos deste mundo
Deveriam ter misericórdia.

A misericórdia é um ideal.
A misericórdia é um sonho real,

PREVISÃO

Não um simples sonho.
É um sonho que precisa continuar
Depois que vocês acordam.
Vocês precisam concretizar essa imagem, esse sonho.
Isso é misericórdia.
A misericórdia é a palavra-chave do futuro.
A misericórdia é a palavra-chave da criação de uma nova sociedade.

Em nome da misericórdia,
Por favor, dirijam seu poder criativo
A todas as pessoas,
A toda a nação,
A toda a Terra.
A misericórdia pode proteger vocês dos inimigos deste mundo,
Quero dizer, da Terra,
E dos inimigos do Universo.
Refiro-me aos demônios,
E até humanoides malignos de outros planetas.
Só a misericórdia pode derrotá-los.
Eles não podem conquistar ou superar nossa misericórdia.
A misericórdia é poder nesta Terra.

Divulguem Esta Verdade até os Confins do Mundo

Vocês precisam dominar a sua mente
E decidir-se com relação
À misericórdia.
Essa misericórdia precisa incluir o mundo todo.
Como vocês podem fazer isso?
Eu já lhes ensinei isso.
Divulguem essa Verdade até os confins do mundo.
Divulguem a verdade de Buda até os confins do mundo.
Divulguem meus ensinamentos
A cada ser humano que estiver neste mundo.

Divulguem meus ensinamentos
Especialmente para as pessoas vivas,
Que estão vivendo neste mundo agora.
Em seguida, ensinem aquelas almas
Que já partiram deste mundo
Rezando por elas.
O poder da oração de todos vocês
Pode salvar essas pessoas,
Essas pessoas que não sabiam,
Que nunca compreenderam o significado da iluminação,
Que nunca experimentaram amor e misericórdia,
Que nunca acreditaram na bondade do próximo.

Previsão

Nós podemos salvar essas pessoas,
Que tendem a acreditar na escuridão,
Que são capazes de dizer "mate os outros",
Ou que desejam destruir o sucesso dos outros.
Nós podemos salvar essas pessoas infelizes,
Que já foram seres humanos.

Agora, nós, da Happy Science,
Realizamos um grande movimento
Para salvar todas as pessoas
Que vivem neste mundo
E no outro mundo.
Então, hoje é o dia.
É hora de salvar as pessoas que vivem
E as que não vivem neste mundo.
Eu vim por todas as pessoas
Para pregar as boas novas.
São boas notícias.
É chegada a hora.
Todas as pessoas devem ser salvas.
É tempo de salvar.
É tempo de salvar todas as pessoas,
Todas as almas, todos os seres,
Aquelas que estão vivendo no Inferno
E as que vivem no nível mais baixo do Céu.

As Leis da Salvação

Todas elas devem ser salvas.
E devem aprender a respeito da iluminação e da misericórdia.

Acreditem em El Cantare e Construam a Sociedade Futura

Retornando ao ponto inicial,
Tudo começa
Com o controle da mente.
Mantenham a paz de espírito,
Mantenham a mente calma,
Não tenham pensamentos maus em sua mente,
E sejam gentis e bons com o próximo.
Isso é amor,
Isso é misericórdia.

Acreditem no poder da misericórdia.
Se vocês acreditam no poder da misericórdia,
Vocês já acreditam em seu Salvador.
Vocês já acreditam em seu Senhor.

Eu vim aqui para salvar todas as pessoas e todas as almas
Porque eu sou a própria criação,
Porque eu sou a manifestação
Do poder criativo desta Terra.

Previsão

Eu sou o poder criativo deste universo.
Esse é o principal segredo da Happy Science
Que deverá ser revelado agora
Para os seres humanos.
O que é este poder criativo?
De onde ele vem?
Todos vocês estão encarando
O poder criativo e olhando para ele,
A fonte do amor,
A fonte da misericórdia,
E a energia criadora de todo o Universo.

Seu nome oculto já é conhecido.
Eu já lhes revelei o nome "Dele".
Mas "Ele" não significa coisas materiais.
"Ele" não significa seres humanos.
Esse é o significado d'"Ele" neste contexto.

Vocês conhecem o poder espiritual.
Vocês conhecem a origem do poder espiritual.
E agora vocês estão conectados a esse poder original.
Vocês descobrirão que
Podem acreditar nele,
Vocês podem conectar-se a ele,
E podem amar esse poder primordial,

O grandioso poder do Buda Primordial.
A sociedade futura deverá ser construída sobre suas crenças.
Acreditem em El Cantare,
E a sociedade futura
Haverá de abrir-se.

Essa é a conclusão deste capítulo.

POSFÁCIO

Agora, do Japão, vem uma nova religião mundial. Essa religião é vital para o Japão, para os países asiáticos e também para o mundo inteiro. Eu sou o Mestre Nacional do Japão e também o Mestre Mundial de todas as pessoas do mundo todo.

Tenham fé. Acreditem no supremo Deus da Terra. Seu nome verdadeiro foi revelado como sendo "El Cantare". El Cantare significa "Maravilhoso Reino de Luz, Terra" ou, mais simplesmente, "A Luz da Terra".

Buda Shakyamuni era chamado de "luz da Ásia". Mas eu afirmo agora que El Cantare é muito mais do que isso. Ele é a luz da Terra. Para tornar a explicação mais compreensível, El Cantare é a origem do budismo, do cristianismo e do islamismo. A era da salvação finalmente chegou.

Ryuho Okawa
25 de novembro de 2010

SOBRE O AUTOR

O mestre Ryuho Okawa começou a receber mensagens de grandes personalidades da história – Jesus, Buda e outras criaturas celestiais – em 1981. Esses seres sagrados vieram com mensagens apaixonadas e urgentes, rogando para que ele entregasse às pessoas na Terra a sabedoria divina deles. Assim se revelou o chamado para que ele se tornasse um líder espiritual e inspirasse pessoas no mundo todo com as Verdades espirituais sobre a origem da humanidade e sobre a alma, por tanto tempo ocultas. Esses diálogos desvendaram os mistérios do Céu e do Inferno e se tornaram a base sobre a qual o mestre Okawa construiu sua filosofia espiritual.

À medida que sua consciência espiritual se aprofundou, ele compreendeu que essa sabedoria continha o poder de ajudar a humanidade a superar conflitos religiosos e culturais e conduzi-la a uma era de paz e harmonia na Terra. Pouco antes de completar 30 anos, o mestre Okawa deixou de lado uma promissora carreira de negócios para se dedicar totalmente à publicação das mensagens que recebe do Céu. Desde então, até dezembro de 2011, ele já lançou mais de 800 livros, tornando-se um autor de grande sucesso no Japão. A universalidade da sabedoria que ele compartilha, a profundidade de sua filosofia religiosa e espiritual e a clareza e compaixão de suas mensagens continuam a atrair milhões de leitores. Além de seu trabalho contínuo como escritor, o mestre Okawa dá aulas e palestras públicas pelo mundo todo.

SOBRE A HAPPY SCIENCE

---- ✳ ----

Em 1986, o mestre Ryuho Okawa fundou a Happy Science, um movimento espiritual empenhado em levar mais felicidade à humanidade pela superação de barreiras raciais, religiosas e culturais, e pelo trabalho rumo ao ideal de um mundo unido em paz e harmonia. Apoiada por seguidores que vivem de acordo com as palavras de iluminada sabedoria do mestre Okawa, a Happy Science tem crescido rapidamente desde sua fundação no Japão e hoje conta com mais de 12 milhões de membros em todo o globo, com Templos locais em Nova York, Los Angeles, São Francisco, Tóquio, Londres, Paris, Düsseldorf, Sydney, São Paulo e Seul, dentre as principais cidades. Semanalmente o mestre Okawa fala nos Templos da Happy Science e viaja pelo mundo dando palestras abertas ao público.

A Happy Science possui vários programas e serviços de apoio às comunidades locais e pessoas necessitadas, como programas educacionais pré e pós-escolares para jovens e serviços para idosos e pessoas portadoras de deficiências. Os membros também participam de atividades sociais e beneficentes, que no passado incluíram ajuda humanitária às vitimas de terremotos na China e no Japão, levantamento de fundos para uma escola na Índia e doação de mosquiteiros para hospitais em Uganda.

Programas e Eventos

Os templos locais da Happy Science oferecem regularmente eventos, programas e seminários. Junte-se às nossas sessões de meditação, assista às nossas videopalestras, participe dos grupos de estudo, seminários e eventos literários. Nossos programas ajudarão você a:

- Aprofundar sua compreensão do propósito e significado da vida.
- Melhorar seus relacionamentos conforme você aprende a amar incondicionalmente.
- Aprender a tranquilizar a mente mesmo em dias estressantes, pela prática da contemplação e da meditação.
- Aprender a superar os desafios da vida e muito mais.

Seminários Internacionais

Anualmente, amigos do mundo inteiro comparecem aos nossos seminários internacionais, que ocorrem em nossos templos no Japão. Todo ano são oferecidos programas diferentes sobre diversos tópicos, entre eles como melhorar relacionamentos praticando os Oito Caminhos Corretos para a iluminação e como amar a si mesmo.

Revista Happy Science

Leia os ensinamentos do mestre Okawa na revista mensal *Happy Science*, que também traz experiências de vida de membros do mundo todo, informações sobre vídeos da Happy Science, resenhas de livros etc. A revista está disponível em inglês, português, espanhol, francês, alemão, chinês, coreano e outras línguas. Edições anteriores podem ser adquiridas por encomenda. Assinaturas podem ser feitas no templo da Happy Science mais perto de você.

Contatos

Templos da Happy Science no Brasil

Para entrar em contato, visite o website da Happy Science no Brasil: http://www.happyscience-br.org/

TEMPLO MATRIZ DE SÃO PAULO
Rua Domingos de Morais, 1154, Vila Mariana, São Paulo, SP, CEP 04010-100. Tel.: (11) 5088-3800
Fax: (11) 5088-3806
E-mail: sp@happy-science.org

TEMPLOS LOCAIS

SÃO PAULO
Região Sul: Rua Domingos de Morais, 1154, 1º andar, Vila Mariana, São Paulo, SP, CEP 04010-100.
Tel.: (11) 5574-0054 Fax: (11) 5574-8164
E-mail: sp_sul@happy-science.org

Região Leste: Rua Fernão Tavares, 124, Tatuapé, São Paulo, SP, CEP 03306-030. Tel.: (11) 2295-8500 Fax: (11) 2295-8505
E-mail: sp_leste@happy-science.org

Região Oeste: Rua Grauçá, 77, Vila Sônia, São Paulo, SP, CEP 05626-020. Tel.: (11) 3061-5400
E-mail: sp_oeste@happy-science.org

Região Norte: Rua Manuel Taveira, 72, Parada Inglesa, São Paulo, SP, CEP 02245-050. Tel.: (11) 2939-7443
E-mail: sp_norte@happy-science.org

JUNDIAÍ
Rua Congo, 447, Jd. Bonfiglioli,
Jundiaí, SP, CEP 13207-340
Tel.: (11) 4587-5952
E-mail: jundiai@happy-science.org

RIO DE JANEIRO
Largo do Machado, 21 sala 607, Catete
Rio de Janeiro, RJ, CEP 22221-020
Tel.: (21) 3243-1475
E-mail: riodejaneiro@happy-science.org

SOROCABA
Rua Dr. Álvaro Soares, 195, sala 3, Centro,
Sorocaba, SP, CEP 18010-190
Tel.: (15) 3232-1510
E-mail: sorocaba@happy-science.org

SANTOS
Rua Itororó, 29, Centro,
Santos, SP, CEP 11010-070
Tel.: (13) 3219-4600
E-mail: santos@happy-science.org

Templos da Happy Science pelo Mundo

A Happy Science é uma organização com vários templos distribuídos pelo mundo. Para obter uma lista completa, visite o site internacional (em inglês): www.happyscience.org.

Localização de alguns dos muitos templos da Happy Science no exterior:

JAPÃO
Departamento Internacional
6F 1-6-7, Togoshi, Shinagawa, Tokyo, 142-0041, Japan
Tel.: (03) 6384-5770 Fax: (03) 6384-5776
E-mail: tokyo@happy-science.org
Website: www.happy-science.jp

ESTADOS UNIDOS

Nova York
79 Franklin Street, New York, NY 10013
Tel.: 1- 212-343-7972 Fax: 1-212-343-7973
E-mail: ny@happy-science.org
Website: www.happyscience-ny.org

Los Angeles
1590 E. Del Mar Boulevard, Pasadena, CA 91106
Tel.: 1-626-395-7775 Fax: 1-626-395-7776
E-mail: la@happy-science.org
Website: www.happyscience-la.org

São Francisco
525 Clinton Street, Redwood City, CA 94062
Tel./Fax: 1-650-363-2777
E-mail: sf@happy-science.org
Website: www.happyscience-sf.org

Havaí
1221 Kapiolani Blvd, Suite 920, Honolulu
HI 96814, USA
Tel.: 1-808-537-2777
E-mail: hawaii-shoja@happy-science.org
Website: www.happyscience-hi.org

AMÉRICAS CENTRAL E DO SUL

MÉXICO
E-mail: mexico@happy-science.org
Website: www.happyscience.jp/sp

PERU
Av. Angamos Oeste, 354, Miraflores, Lima, Perú
Tel.: 51-1-9872-2600
E-mail: peru@happy-science.org
Website: www.happyscience.jp/sp

EUROPA

INGLATERRA
3 Margaret Street, London W1W 8RE, UK
Tel.: 44-20-7323-9255 Fax: 44-20-7323-9344
E-mail: eu@happy-science.org
Website: www.happyscience-eu.org

ALEMANHA
Klosterstr.112, 40211 Düsseldorf, Germany
Tel.: 49-211-9365-2470 Fax: 49-211-9365-2471
E-mail: germany@happy-science.org

FRANÇA
56 rue Fondary 75015, Paris, France
Tel.: 33-9-5040-1110 Fax: 33-9-5540-1110
E-mail: france@happy-science-fr.org
Website: www.happyscience-fr.org

Outros Livros de Ryuho Okawa

O Caminho da Felicidade:
Torne-se um Anjo na Terra

Mude Sua Vida, Mude o Mundo:
Um Guia Espiritual para Viver Agora

A Mente Inabalável:
Como Superar as Dificuldades da Vida

As Leis do Sol:
O Caminho Rumo a El Cantare
Ensinamentos de Buda para a Nova Era

As Leis Douradas:
O Caminho para um Despertar Espiritual

As Leis da Eternidade:
Desvendando os Segredos do Mundo Espiritual

As Leis da Felicidade:
Os Quatro Princípios Que Trazem a Felicidade

Renascimento de Buda:
Uma Mensagem aos Discípulos de Vínculos Passados

O Ponto de Partida da Felicidade:
Um Guia Prático e Intuitivo para a Descoberta
do Amor, da Sabedoria e da Fé

Pensamento Vencedor:
Estratégias para Transformar o Fracasso em Sucesso

Mensagens de Jesus Cristo:
A Ressurreição do Amor

Mensagens Celestiais de Masaharu Taniguchi:
Mensagem ao Povo da Terra

As Chaves da Felicidade:
10 Princípios para Manifestar a Sua Natureza Divina

Curando a Si Mesmo:
A Verdadeira Relação entre o Corpo e o Espírito